U0611841

幼儿行为问题应对

0~6岁儿童养育专家全知道

科学高效的养育方法
知名专家的教养指南

陈辉/著

北京理工大学出版社
BEIJING INSTITUTE OF TECHNOLOGY PRESS

版权专有　侵权必究

图书在版编目（CIP）数据

幼儿行为问题应对/陈辉著.—北京：北京理工大学出版社，2015.11

ISBN 978－7－5682－1220－5

Ⅰ.①幼…　Ⅱ.①陈…　Ⅲ.①学前教育－教学研究　Ⅳ.①G610

中国版本图书馆CIP数据核字（2015）第211560号

出版发行／北京理工大学出版社有限责任公司

社　　　址／北京市海淀区中关村南大街5号

邮　　　编／100081

电　　　话／（010）68914775（总编室）

　　　　　　（010）82562903（教材售后服务热线）

　　　　　　（010）68948351（其他图书服务热线）

网　　　址／http://www.bitpress.com.cn

经　　　销／全国各地新华书店

印　　　刷／保定市中画美凯印刷有限公司

开　　　本／710毫米×1000毫米　1／16

印　　　张／13.25　　　　　　　　　　　　　　责任编辑／王俊洁

字　　　数／155千字　　　　　　　　　　　　　文案编辑／王俊洁

版　　　次／2015年11月第1版　2015年11月第1次印刷　　责任校对／周瑞红

定　　　价／35.00元　　　　　　　　　　　　　责任印制／马振武

图书出现印装质量问题，请拨打售后服务热线，本社负责调换

"0～6岁儿童养育专家全知道"丛书序

　　几年前，中国教育科学研究院研究员储朝晖出版他写的《中国幼儿教育忧思与行动》一书时，曾经他的导师郭齐家介绍，打电话要我写序，当时我以对幼儿教育的现状不了解为由推辞了。2012年6月，我又接到储朝晖的电话。原来是他收到徐勇给的《卢乐山口述历史》一书，看后又打电话告诉我，说他在筹备编写一套婴幼儿发展与教育丛书，其中还有一本我的朋友钱玲娟的书，希望我能为这套书写序。我盛情难再却，就答应了下来。

　　储朝晖30多年来一直作实地调查，对教育的实际情况很了解，对各地婴幼儿教育很热但又很功利的问题感到很担忧，对中国早期教育的专业水平还处在较低的阶段很着急，因而在内地、香港约集早期教育前沿的专业工作者编写"0～6岁儿童养育专家全知道"丛书，试图为早期教育注入理性的精神和科学的理念，这是一件十分有价值的事。

　　现在幼儿教育各方面的书多了，但是能理论结合实际的书还是很需要的。这套丛书以婴幼儿的生活和发展为关注点，既有国外比较成熟的早期教育论著翻译，又关注婴幼儿护理与习惯养成；既有久远传统的玩具的玩与学，又有幼儿心理与行为问题应对，还有亲子游戏这些富有生活趣味的内容。既有理论，又有实际，这是本套书的长处。

　　但需要对家长、老师们多说一句的是，书本只能谈到一般的规律，或者展现个别的经验。而每个孩子都是不一样的，他的遗传、环境、所接触的人各不相同，那么他的身心发展特点也一定因人而异。所以，我们在学习书本的时候，先要把理论学懂了，再结合其中的实际部分，看看人家为什么是这么实践的，想想我该怎么去实践；在具体实践的时候，我们要参考一般的规律，也要借鉴个别的经验，但是最重要的还是结合孩子的个别情况来灵活运用。总之，务必将书本消化了之后，再运用到自己身上，这是广大读者需要注意的。当然，这注定不是一件"小儿科"的事。

0~6岁婴幼儿发展是终身发展的基础，早期教育对人的成长发展具有极为关键性的作用，早期教育的重要性正在被越来越清晰地认识。卢梭讲："天性为是。"相信本套丛书将高扬此幼儿教育真谛，引导越来越多的人走向科学、理性的育儿之路。

是为序。

卢乐山

2014年6月1日

引言

　　从呱呱落地开始，幼儿在成长的过程中表现出了各种各样的行为。第一声啼哭、第一个微笑、第一次蹒跚学步、第一回耍赖打滚……这些行为印刻着他们成长的痕迹。在成人看来，幼儿的行为有的呆萌可爱，有的顽皮捣蛋，也有的让人觉得不可理喻、忧心忡忡。实际上，不论呆萌顽皮还是不可理喻，幼儿的任何行为都是有原因的，它们不是无缘无故发生的，而是某个或某些原因的必然结果。其中，心理因素是影响幼儿行为的一个重要原因。随着心理学理论研究与实践的发展，影响幼儿行为的认知、情感和人格等因素已经得到了深刻和细致的探索，目前已经达到脑电波和眼动的程度，人类心理的黑匣子已日渐打开。

　　但是，幼儿是正处在快速发展中的、具有主观能动性的复杂个体，对于他们在日常生活中表现出的一些行为问题，我们不能像医生做外科手术那样，找到某个症结就能快速处理掉。因为，一方面，幼儿行为问题的产生往往是多种因素综合作用的结果，影响机制比较复杂。不仅心理因素只是其中的一种主要因素，而且心理因素内部也存在多个因素之间的相互影响。另一方面，找出幼儿行为问题的原因并不意味着能改变幼儿的行为，原因与行为改变之间并不存在直接、必然的联系。所以，我们应该在分析幼儿行为问题产生原因的基础上，结合幼儿的身心发展规律、个别差异和环境因素，理解幼儿的行为并尝试采取积极的措施引导幼儿的行为，以促进他们的健康成长。这就是我们强调的心理和教育的视角，从幼儿行为问题产生的心理原因入手进行分析，综合考虑多种因素的影响，立足于幼儿是一个快速发展和具有主观能动性的复杂个体，在理解幼儿行为的基础之上积极引导幼儿，从而促进幼儿的健康成长。心理与发展的视角强调的不是发现幼儿出现行为异常后就给予矫正，而是先去理解幼儿的行为，综合考虑幼儿行为发生的年龄、情境和环境等因素，分析其行为产生的合理性，然后从发展、健康成长的角度采取必要的引导措施。实际上，幼儿的一些行为问题，只要成人理解了其发生的阶段性和情境性，是不需要过多干预的。

本书侧重分析的是幼儿在日常生活中经常表现出的一些行为问题，因为这些行为问题对于大部分教师和家长来讲，一方面是比较熟悉，容易引起共鸣；另一方面是在一定的指导下比较容易掌握应对的方法，解决实际遇到的问题。而那些因为生理、病理等原因形成的行为问题，则不是本书讨论的内容。

目录

第一章　幼儿的行为与心理

幼儿表现出的任何行为都是有原因的，除了生理和环境之外，一个最重要的原因就是心理因素。幼儿的行为与其心理之间有着复杂的关系。

一、 行为与心理的关系

一般来讲，行为是指有机体的反应系统，它是由一系列反应动作和活动构成。例如，吃饭、穿衣、睡觉、跑步，都是幼儿各种不同的行为。有的行为简单，如光线刺激眼睛引起眼睑关闭，食物刺激口腔引起唾液分泌；有的行为则很复杂，如串珠、骑自行车、做体操等。

心理，是人脑对客观世界的主观反应，人的心理主要包括认知、动机与情绪、能力与人格三个方面。认知指人们获得知识和应用知识的过程，或信息加工的过程，这是人最基本的心理过程，包括感觉、知觉、记忆、想象、思维和语言等。人脑接受外界输入的信息，经过头脑的加工处理，转换成心理活动，进而支配人的行为，这个过程就是认知过程。人在加工外界输入的信息时，不仅能认识事物的属性、特性及其关系，还会产生对事物的态度，引起满意、不满意、喜爱、厌恶、憎恨等主观体验，这就是情绪或情感。人类的认知和行为不仅受情绪和情感的影响，而且是在动机的支配下进行的，动机是指推动人的活动，并使活动朝向某一目标的内部努力。比如，有的幼儿因为想得到老师奖励的贴画，在做操的时候站得笔直，得到奖励就是幼儿的动机。人在获得和应用知识的过程中，还会形成各种各样的心理特性，造成人与人之间的心理差异，心理特性包括能力和人格两个方面。比如，有的幼儿记东西快，有的幼儿记东西慢，这就是能力的差异；有的幼儿比较文静温和，有的幼儿比较好动急躁，这就是人格的差异。

幼儿的行为与心理是密切相关的，具体表现为以下几点：

(一)　幼儿的心理支配着其行为

幼儿之所以表现出各种各样的行为，是由其心理决定的，心理的复杂性决定了行为的复杂性。例如，从外人听来差不多的哭声里，有经验的妈妈能分辨出宝宝哭声的差异，有时候是饿了哭，有时候是渴了哭，有时候是想让妈妈抱而哭，有时候是受到一些惊吓而哭。幼儿受到了不同的影响，就有不同的需求，所以，他们通过不同的行为来表达，只是受他们身体发展的限制，在这个阶段，他们只能选择妈妈能理解的不同程度的哭来表现。

(二)　幼儿的行为是其心理的表现

幼儿的心理支配着行为，同时又通过行为表现出来。幼儿天真、单纯，他们的心理与行为的关系比较直接，怎么想的，就怎么表现出来，比如，他们饿了就会找家长要吃的，伤心了就会大哭起来，生气了就谁都不理，很少会因为环境的原因而改变或隐藏自己的行为。从这一角度来看，成人通过幼儿的行为来分析他们的心理，会更加真实和准确，当然，这必须建立在了解幼儿心理发展知识的基础之上。

二、　解释幼儿行为的心理学理论

　　心理学理论不一定能解释幼儿的所有行为，但是，幼儿的很多行为都能从心理学中找到解释。随着社会、文化与科技的发展，心理学本身也在不断发展、丰富与完善。在心理学的发展历程中，涌现出许多心理学理论，它们从不同的视角来阐释与分析问题。其中，一些理论到目前为止一直被证明是正确的，也有一些理论后来被证明是不完全正确或者错误的；一些理论能解释各个方面的问题，也有一些理论只能解释某个方面的问题。这里，我们只介绍几个有代表性的、能解释幼儿某些行为的心理学理论，以便于读者从整体上了解幼儿行为的心理原因，而不是对心理学理论进行全面分析与评价。

（一）　早期游戏理论

　　早期游戏理论是指18、19世纪出现的游戏理论，比较有代表性的理论有"剩余精力说""前练习说"及"复演说"等（刘焱，2014）。

1."剩余精力"说

　　在成人眼里，幼儿有一个普遍特点，那就是"精力旺盛"，他们不停地奔跑、跳跃，似乎永远不知疲倦。席勒和斯宾塞的"剩余精力"说对幼儿的这一现象进行了解释。

"剩余精力"说的基本观点是：游戏是机体的基本生存需要（吃、喝等）满足之后，仍有富余的精力的产物。也就是说，儿童的精力除了维护正常生活外，还有剩余精力，这些剩余精力必须找到出路，消耗、发散出去，游戏就是儿童对剩余精力的一种无目的的消耗。所以，成人对幼儿的活跃行为不用过于担心，应该允许和提供条件让他们释放多余的精力。当然，一些涉及病理的极端行为除外。

2. "前练习"说

在幼儿的游戏中比较常见和存在典型性别差异的现象是，女孩子喜欢布娃娃，常常乐此不疲地给娃娃喂饭、换衣服、洗澡；而男孩子喜欢追逐打闹、舞刀弄枪地玩打仗。"前练习"说对这一现象进行了一定的解释。

"前练习"说也叫"生活准备"说，是由德国学者格鲁斯提出来的，其基本观点是：儿童有天生的本能，但本能不能适应将来复杂的生活，要有一个准备生活的阶段，在天赋本能的基础上进行练习，锻炼自己为生存竞争所必需的能力；游戏就是儿童对未来生活的无意识的准备，是练习本能的一种手段。根据"前练习"说的观点，我们可以从本能的层面来解释前面提到的幼儿游戏的性别差异现象，即女孩子喜欢玩布娃娃的游戏是她们具有做母亲的本能，喂布娃娃等游戏是为了练习做母亲；男孩子喜欢玩打仗的游戏是他们有作战的本能，舞刀弄枪、追逐打闹正是为了练习作战。需要注意的是，幼儿的游戏是很复杂的行为，有多方面的原因，"前练习"说的解释只是其中的一种。

3. "复演"说

年轻的爸爸妈妈经常有这样的困惑：费尽心思给孩子买了昂贵、精致的玩具，结果玩不了几天，孩子就腻了，他们似乎对路边的小石子、沙土、小水坑更感兴趣。先撇开玩具的结构不谈，霍尔的"复演"说给了另一种有趣的解释。

"复演"说的主要倡导者是美国心理学家霍尔，其主要观点是：游戏是人类生物遗传的结果，儿童游戏是重现祖先进化过程中产生的动作和活动；游戏的发展过程同种族的演化过程相吻合，儿童通过游戏重演史前的人类祖先到现代人进化的各个发展阶段。比如，幼儿喜欢扔石子儿，这是复演了原始阶段人类用石头做武器进行生存斗争的活动；幼儿喜欢玩沙土，这是处于农业—家族制阶段的人类的行为反映；幼儿喜欢荡秋千，这是处于动物阶段的人类祖先（猿）的行为的反映，等等。

（二） 行为主义理论

日常生活中成人应对幼儿比较有效的一个办法是用玩具、零食等物品来影响幼儿的行为。比如，在家里比较常说的话是"你如果……就给你买新玩具、好吃的"；在幼儿园或早教机构，老师们都会用贴画、印章等物品来引导幼儿的行为。这类方法为什么普遍有效，心理学中的行为主义理论进行了一定的解释。

行为主义是美国现代心理学的主要流派之一，也是对西方心理学影响最大的流派之一。行为主义理论的创始人是美国心理学家华生，主要代表人物除了华生之外，还有斯金纳和班杜拉等。其基本观点是：人类的思维是与外界环境相互作用的结果，即形成"刺激—反应"的联结。这一理论强调以行为为研究对象，反对以意识、心理状态等不可捉摸的内部过程为研究对象；认为儿童的行为是由环境力量塑造起来的，只要具备或施加适当的环境条件，任何正常儿童都能学会任何事情；发展是一个连续的过程，只有量的增加，没有质的变化。行为主义理论虽然有很大局限，但它对教育教学、行为治疗等许多领域一直都有着深远的影响，其中，有几个非常重要的概念需引起注意：

1. 强化和强化物

强化是行为主义理论的一个核心概念，斯金纳区分了两种强化类型：正强化（积极强化）和负强化（消极强化）。当在环境中增加某种刺激，有机体反应概率增加，这种刺激就是正强化。例如，孩子在小区里碰到邻居有礼貌地打招呼，家长和邻居都表扬他，这样，孩子以后有礼貌地打招呼的行为会更多，大家的表扬就是正强化。而当某种刺激在环境中消失时，有机体反应概率增加，这种刺激便是负强化，是有机体力图避开的那种刺激。例如，因为药很苦，孩子不愿意喝药，但是，如果给苦药里加些糖或者换成口味好点的药，孩子就愿意喝药了，这里苦味就是孩子力图避开的负强化。

强化物，是指能增强反应概率的刺激和事件。老师和家长为了鼓励幼儿的行为，常用的表扬、拥抱、贴画、零食以及玩具等都可以说是强化物。反之，在反应之后紧跟一个讨厌的刺激，从而导致反应率下降，则是惩罚。例如，幼儿不遵守纪律，教师收回刚发的贴画，使幼儿的违纪行为减少；或者幼儿在家不听话，家长会严厉训斥甚至打幼儿，使幼儿的不听话行为减少，这都是惩罚。

2. 观察学习

行为主义理论的另一个非常核心的概念是观察学习，这一概念是由班杜拉提出的。观察学习，是指个体通过观察榜样在应对外在刺激时的反应及其受到的强化而完成学习的过程。例如，甲、乙两个幼儿在一起玩，甲看中了乙手上的玩具，想要过来玩，但乙不给，甲没办法，只能玩另外的玩具。一会儿，幼儿丙加入进来，丙也想要乙的玩具，见乙不给，就从乙手上抢过来，乙哭了会儿，没办法，只能换一个玩具，而丙则高兴地玩乙的玩具。整个过程，教师没发现，丙也没受到应有的批评。甲目睹了这一过程，他以后抢玩具的行为就可能增加。

我们在生活中经常发现幼儿会突然做出一些和以前不一样的行为，比如，说脏话、爱打人、喜欢做某种特殊的手势、说出一些怪怪的话或者方言，等等。幼儿行为突然变化的原因可能就是观察学习。人是社会的人，幼儿生活在一个复杂的社会环境中，家庭、居住小区、托幼机构、游乐场所、各种媒体等都可能会触发幼儿的观察学习，因此，我们在理解与分析幼儿的行为时需要全面考虑各种因素。

（三） 精神分析理论

你会在孩子身上发现一个有趣的现象：那些怕打针、怕医生、怕进医院的孩子玩起"医院"的角色扮演游戏时会特别带劲儿。他们抢着当"医生"，煞有其事地模仿医生的语言与动作，特别"痛快"地把玩具针头戳到扮演"病人"的幼儿身上，戳完后，要么说些安慰的话，要么乐得哈哈大笑。精神分析理论能很好地解释他们为什么怕医生又喜欢当医生。

精神分析学派是西方颇有影响的心理学主要流派之一，由奥地利医生西格蒙德·弗洛伊德创立。精神分析理论的基本观点是：人类的一切个体的和社会的行为，都根源于心灵深处的某种欲望或动机，特别是性欲的冲动（彭聃龄，2001）。欲望以无意识的形式支配人，并且表现在人的正常和异常行为中。欲望或动机受到压抑，是导致神经病的重要原因。弗洛伊德的人格构成学说是精神分析理论的代表学说之一。他提出，一个人的人格是由处于意识的三个层次上的伊底、自我、超我构成。伊底包含基本的内驱力和反射，它是由"快乐原则"所支配，处于"潜意识"状态；自我处于伊底和外界之间，根据外部世界的需要来对伊底加以控制与压抑；超我是"道德化了的自我"指导自我去限制伊底的冲动，以社会道德标准或理想来控制行动（李丹，1987）。

在弗洛伊德看来，对于儿童来说，"自我"调节和平衡"伊底"与"超我"之间的冲突和矛盾的机制，某种程度上是在游戏中获得的。由于游戏是部分与现实分离的，因此它允许自我自由地调节伊底和超我的要求，消除它们之间的矛盾与冲突。儿童游戏的动机是"快乐原则"，即通过游戏实现现实生活中不可能实现的愿望，释放因内驱力受社会压制而产生的紧张与压力。以前面的"医院"游戏为例，在现实生活中，被医生打针是让幼儿感到紧张、焦虑、愤怒等很不愉快的体验，他们在现实中是被动的"受害者"，无法抵抗与发泄，只能通过游戏把这种不愉快体验转嫁到别人身上，从被动转变为主动，使自己战胜环境、反败为胜，从中获得快乐。所以，他们特别喜爱这种游戏。

（四）　认知发展理论

当一名婴儿手上的摇铃掉到地上时，你会欣然为他捡起来，殊不知，你刚递给他，他又把它丢到地上，两次、三次……当你累得够呛时，你会很恼火，也会很纳闷：小宝宝怎么也不嫌累，干吗要反复做这种简单动作。当你和3~4岁的幼儿玩捉迷藏的游戏时，你会惊奇地发现，他们只要是自己闭着或用手蒙住眼睛，即使就是背对着你站在旁边，也会觉得藏得很好，很激动、很兴奋地等你找他。等等，这些有趣的现象可以用认知发展理论来解释。

认知发展理论是关于认知过程与认知方式发展的理论，它最重要的代表人物是瑞士心理学家皮亚杰。皮亚杰认为人的认知结构是人通过对客观现实的适应逐步建构起来的，是主客体在相互作用的过程中主体通过行动不断地自行建构而成的；认知的发展体现为认知结构的发展，主要分为感知运动、前运算、具体运算和形式运算四个阶段，每一个阶段都有其独特的、相对稳定的认知结构，而且这些阶段出现的先后次序是固定不变的。学前儿童的认知发展水平一般是处于感知运动阶段和前运算阶段。感知运动阶段（0～2岁）的儿童仅靠感知动作的手段来适应外部环境，他们的主要认知结构是感知运动图式，儿童借助这种图式来协调感知输入和动作反应。前运算阶段（2～7岁）的儿童将感知动作内化为表象，建立了符号功能，可凭借心理符号（主要是表象）进行思维，从而使思维有了质的飞跃，自我中心与缺乏守恒是这个阶段儿童思维的主要特点。

因此，当婴儿把玩具一遍又一遍地往地上丢的时候，成人不要斥责他们瞎胡闹，也不要轻视他们的这种重复，因为这是他们认识世界、习得经验的方式。他们通过扔玩具，知道了物体运动的一种方向，了解了物体与物体之间（手——玩具——地面）的关系，发现了两个物体相接触会产生声音，而且这种声音可能会随着自己的动作有所变化，等等。而处于前运算阶段的幼儿的捉迷藏游戏，则非常形象地诠释了他们的自我中心的思维特点，他们脱离了动作，可以凭借表象来思维，但是他们只能从自己而不能从别人的立场来看待问题。蒙住自己的眼睛，自己是看不见了，但他们不知道其实别人是可以看见的。

（五）　社会文化历史学派理论

人始终是生活在社会之中的，幼儿也不例外。从家庭、亲朋圈、社区到各级教育结构，从出生开始他们就要与形形色色的人打交道。社会文化历史学派理论指出，他们的心智也正是在与人交往的过程中逐渐形成与发展的。与宠爱他们的家人相处，他们会显得任性、霸道；碰到强势的哥哥、姐姐，他们会逐渐明白有时候需要服从、忍让；在同龄人群体当中，他们开始学会平等、合作与互助。

社会文化历史学派理论的重要代表人物是苏联的心理学家维果茨基，其基本观点是，心理的发展是指一个人的心理（从出生到成年）是在环境与教育影响下，在低级的心理机能的基础上，逐渐向高级的心理机能的转化过程。人的高级心理机能是一种随意的以语言为中介的心理过程，并不是人自身所固有的，而是在与周围人的交往过程中产生和发展起来并受人类的文化历史所制约的。维果茨基将心理机能分为两种：低级心理机能和高级心理机能。低级心理机能指感觉、知觉、不随意注意、形象记忆、情绪、冲动性意志、直观的动作思维等，这些都是生物进化的结果。高级心理机能是指观察（有目的的感知过程）、随意注意、逻辑记忆、抽象思维、高级情感等，这些都是人类历史发展的结果。儿童是在特定的文化氛围中成长的，而文化就其本源来讲，是人的社会生活和社会活动的产物。

社会文化历史学派理论有一个非常重要的概念是"最近发展区"。维果茨基认为，儿童有两种发展水平：一种是现有的发展水平；另一种是在成人或优秀同伴的帮助下能够达到的较高水平，这两个水平之间的距离就是最近发展区。最近发展区的概念突出了社会交往对幼儿心理发展的影响，在生活与教育活动中，成人应该积极地创设各种物质与社会环境，支持幼儿的发展。

第二章　幼儿的行为与教育

人的行为是复杂的，行为产生的原因也是复杂的。心理学更多地是从心理机制的角度来解释幼儿行为发生的内部原因。实际上，一方面，在同样的心理机制下，幼儿的行为表现可能完全不一样；另一方面，幼儿相似的行为表现下的心理机制也可能完全不一样，影响行为的因素是多方面的。面对幼儿的行为，教师和家长应该如何来应对，这需要从教育的视角来思考。

 # 行为与教育的关系

（一）　行为是教育的基础

　　幼儿的行为以外显的形式反映出其发展过程中的种种问题，教师和家长正是通过观察幼儿的行为来发现问题，从而选择相应的应对方式，所以，行为是教育的基础。

　　教育是一套复杂的实践活动，教育的效果和教育者具备的理念和理论知识有一定的关系，但并不是必然的正比关系。也就是说，在具备一些基本的教育理念和理论知识的基础上，并不是理论水平越高，其教育效果就越好。影响教育效果的一个重要因素是对幼儿行为的观察和了解。"父母是孩子最好的老师"，这一说法是有道理的，父母和孩子最亲近，他们最了解孩子的基本情况，所以，在遇到问题的时候能找到最适合自己孩子的解决办法。举一个最简单的例子，刚学说话的幼儿手舞足蹈地叫着"达达、达达"，其他人都无法破解这一外星语，递给他玩具，他不要；给他喝水，他不要；逗他玩，他也不乐意，眼看着孩子越来越急躁了，这时，妈妈拿过来一根昨天买的手指饼，孩子马上满意了。

（二） 教育的意义在于理解幼儿的行为

儿童的行为虽然五花八门，但大部分行为都属于正常范围内的行为，只是有的行为可能表现得与别人不一样。面对幼儿的行为，教育的意义是什么？这是一个值得我们思考的问题。

教育的意义主要在于理解幼儿的行为，也就是弄清楚幼儿行为发生的生理、心理与环境的原因，然后再思考对策。理解在前，对策在后。许多家长和老师容易犯的一个错误是：看到幼儿出现不当行为，就立刻去干预，由于没正常分析幼儿的行为原因，往往导致干预无效甚至适得其反。例如，一个幼儿突然戳了一下另一个幼儿的脸。对于这种类似"攻击性"的行为是否应该立刻呵斥制止呢？如果结合幼儿的性格、平时的行为表现及当时的情境来分析，可以给出不同的解释：幼儿喜欢同伴，他通过自己的方式来表达喜欢，也想引起同伴的注意；幼儿对同伴好奇，他通过戳脸的方式来试探着了解同伴；同伴让幼儿不快，他想通过戳脸的方式来表达自己的不喜欢；等等。在没分析清楚原因的情况下，给予粗鲁的呵斥肯定是不适宜的。

另外，我们要看到，幼儿的行为并不总是朝着人们所期待的那些所谓好的、对的、有益的与有效的方向发展，不适当的、错误的或有问题的行为显然无助于幼儿对环境、社会和生活的适应。这类行为会长期压制幼儿的兴趣，并让他们无法从行为的结果中获益，因此，成人（特别是幼教工作者）有责任帮助幼儿习得更多的适宜性行为。帮助的方式有很多种，比如，幼儿因为看了不良行为的动画片，学着打人、搞怪，这时需要树立正面榜样，进行正面教育；幼儿在玩玩具的过程中，长时间地重复一些简单的动作，而不愿意或不会尝试难度稍高点的游戏，这时需要根据他们的实际情况进行引导、提升，适当提高他们的游戏水平。除此之外，还有一种帮助很重要，也很容易被成人忽视，即不作为。也就是说，幼儿的一些行为，开始看起来似乎让人很意外，但幼儿的行为都是有原因的，如果我们耐心一点，以幼儿为本，可能会发现他的行为是有合理性的，我们需要做的，只是看着他、理解他，不明白的时候问问他，而不是过多地干预和教导。

理解幼儿的行为

　　每个幼儿都是独特的个体，他们身上都带有与生俱来的遗传特性、家庭和文化的价值观与倾向、社会的影响及自己的生活经验。在成人的眼里，幼儿的行为常常会表现出所谓的好或坏、正确或错误、有益或无用、有效或浪费等特性。成人对幼儿适当行为的理解往往来自自己童年时期的经验和被训练与社会化方面的经历体验，他们很多时候也不确定什么是最好的行为及什么样的行为才算是适当的行为。因此，要理解幼儿的行为，我们首先要弄清楚幼儿的行为与其各方面发展的关系。

（一）　行为与生理发展

　　幼儿的成长是从生理上的不成熟开始的，在抚养者的帮助下，他们的生理能力日渐增长，逐步可以自由走动并操控自己周围的环境。在幼儿发展的过程中，由于他们生理上的不成熟，往往会表现出一些不适当的行为。比如，因为他们的身体不能很好地协调，没有精细的动作控制，他们可能会碰撞东西，打翻液体，拿不住东西，吃饭时弄得一团糟，不会整理物品，在户外活动时会跌倒，在上厕所时会发生意外事件，等等。

　　针对由生理不成熟所带来的不恰当行为，主要的应对方法是帮幼儿做好准备工作，预防问题的发生。比如，扔掉那些易打碎的物品；给幼儿提供各类尺寸的物品，让他们积累起现实活动的经验；当幼儿很不娴熟地倒水或系鞋带时，不要急于去帮助他们，给他们练习发展大小肌肉并增强身体协调能力的机会和时间；在安排活动时，考虑他们保持注意力的时间，不要让一项活动持续的时间太长；给他们提供适当的点心和休息时间，确保他们有充沛的体力，同时，让他们有各种的机会去进行奔跑、跳跃、攀爬等健康的活动，以消耗掉他们剩余的精力，从而避免他们把精力投入不适当的活动中。

（二）　行为与语言发展

　　幼儿时期是儿童语言发展变化非常大的一个时期。成人首先应当弄清楚的是幼儿的语言发展水平取决于他们的年龄和成熟程度，这样才能正确理解与语言发展相关的行为。成人可以通过为幼儿提供丰富的语言环境，积极地回应幼儿在沟通方面的尝试等方法来减少幼儿相关的不恰当行为。

　　人似乎从出生开始就对学习语言有着浓厚的兴趣。在真正学会说话之前，婴儿通过哭等方式能发出很多的前语言词汇，以此来表达他们的需求。咿呀学语发生在婴儿约6个月大的时期，这是儿童具备真正的语言能力的第一个象征。在大约9个月的时候，婴儿就具备理解成人语言的能力，比如，婴儿能够对简单的命令作出回应并执行要求。然而，由于发展上的限制，婴儿的这种回应能力是不一致的，也是不可预知的。婴儿虽然没有语言表达的技巧，但有沟通的能力。他们已经掌握了很多用于沟通的语言和非语言的暗示。因此，不断地和孩子讲话与沟通对于成人来说十分必要。同时，由于婴儿还不具备精确的表达和沟通能力，因此需要成人的敏锐发现和正确的理解解释。如果成人没有及时发现婴儿向成人求助的努力并作出反应的话，那么像发脾气、爬来爬去、哭喊和扔东西等行为就会更频繁地发生，这类行为实际上是婴儿在努力获取成人的关注和回应，并不能看做是婴儿的错误行为。

在出生后的第一年，婴儿开始在语言和行为之间形成联系，他们能够用一个词来表达复杂的意思。比如，"妈妈"这个词可以用来表示"妈妈给我拿饼干"或"妈妈把我抱起来"等意思。到一岁半左右，他们可以将两个词合起来以传达更复杂的意义。到两岁左右，婴儿对语言的理解能力有了快速的增长，他们开始喜欢自言自语，不管听者的感受。3岁左右，他们在说话时会考虑听者的需要。在这一时期，成人促进婴儿语言发展的方式有很多，比如，面对面地和他们说话，模仿他们，用微笑来回应他们，与他们谈论照片和每天发生的事情，描述物体和事件，一起玩游戏和唱歌等。

在进入幼儿园后，幼儿的词汇量大增，他们对通过语言来与成人和同伴进行沟通非常感兴趣，而且更多地依赖语言而并非身体动作来表达自己的想法和需要。他们开始和成人进行复杂的沟通，也逐渐掌握了一些沟通的规则。这一时期的幼儿基本能够完全了解成人向他们说的话，但是不一定会在行为上作出某种明确的反应，因为在儿童的行为表现方面，影响因素比较多。所以，当成人发现幼儿对自己的话没有反应时，除了考虑他们是否听清楚了之外，还应该结合情境分析其他相关因素。

（三）行为与情感发展

幼儿的情感发展经历了不同的阶段，每个阶段都有特定的方向、任务或者目标，这些影响着他们的行为。根据埃里克森的情感发展阶段理论，学前儿童的情感发展主要经历了四个阶段：

1. 阶段一：基本的信任对不信任（0~1.5岁）

这一阶段发展的焦点是幼儿对与他们相处的人们的信任或不信任。成人如父母和幼教工作者在与幼儿相处的过程中，一个重要的责任就是要让幼儿认识他们生活的世界，知道这是一个安全的、友好的地方，能够信任照料自己的人，相信他们可以迅速、始终如一地回应并满足自己的需要。如果幼儿发现自己是被充分肯定、照料和尊重，他们就能建立起安心探究世界与开展学习的强大而巩固的基础，同时，也将与他人建立起持久的人际关系。相反，如果幼儿发现成人对他们的反馈缺乏关注或延迟关注，他们就会觉得自己在环境中并不重要，那么他们就会感到不安全，感到受拒绝，就会对他人和世界产生不信任。这样，幼儿将在开展学习和建立人际关系方面难以建立起安全的基础。

在行为表现上，已建立起信赖感的幼儿更有可能符合成人的行为期待，因为，在无意识和基本的水平上，他们知道成人最能满足他们的需要，是他们世界中最好的事物。而一个已建立起基本不信任感的婴儿会对世界和周围的人产生强烈的怀疑。这样的婴儿总是不信任他人，而由此形成的人际关系将总是难以令人满意的。只有当婴儿发展起了第一个基本的信任感，他们才会为情感发展的第二个阶段做好充分的准备。

2. 阶段二：自治心对羞愧感和疑惑感（1.5~3岁）

这一阶段幼儿发展的焦点在于发展自治或独立。仿佛是在一夜之间幼儿变得"什么都会做了"！由于生理和心理方面日渐独立，幼儿希望能以自己的方式来操纵世界。他们已经充分觉察出自己是独立的个体，会有自己独特的想法。幼儿发展的这一阶段有时也被称为"麻烦的2岁"，因为这些幼儿总是和你对着干，期望能展现自己的意志，表现自己的独立，会对成人的权威发起挑战，并希望按他们自己的愿望来控制周围的世界。

成人应该理解这一阶段幼儿的需要，为他们提供必要的选择和机会，而不是强迫他们去做某件事情。例如，不会强迫幼儿穿某件衣服，而是会问："你是自己选一件衣服，还是让我来为你选一件呢？"这样一来，幼儿会感到自己能够对生活及对即将发生在他们身上的事情有所控制。当幼儿没有获得充足的机会以发展生理和心理方面自治的时候，他们就会产生对自身能力的羞耻感和对自己独立能力的疑惑感。成人如果不提供充足的机会给那些希望有独立性的幼儿，那么，对自我概念的贫乏认识和低水平的自尊种子就会悄悄播种下来。如果幼儿没有感受到自治与独立，他们就会显得更加不成熟或依赖他人，这将为后一阶段的发展带来很多困难。

3. 阶段三：进取心对罪恶感（3~5岁）

这一阶段的幼儿已经在生理、语言和智力等方面有了新的发展，因此他们对于展现自己新获得的能力具有浓厚的兴趣。

成人需要在日常活动中主动地为儿童提供展示的机会，如可以让大家就有关活动改变的提议进行讨论，可以讨论选择什么样的故事书和音乐，对规则的设定进行讨论，对那些不可接受的行为和问题提出适当的解决程序。幼儿非常乐意通过参与并完成那些有意义的和像成人式的工作来展示出自己的进取心，这些事务可能会是清扫工作、清洗工作、装配和收拾整理工作。成人需要移交部分自己手上的控制权并去支持幼儿迎接那些他们所面临的进取心的挑战。正是在这一阶段，幼儿开始能够区分服从与合作。

缺少成功的机会来证明自己的能力会让幼儿产生罪恶感，尤其是当他们感到不能达到成人的期望和某个标准时。当幼儿不能够达到成人的期待时，他们就会感到非常的不安全、忧虑和惴惴不安，感到自己有罪。幼儿很容易非常主观地理解成人的反应，他们会觉得"无论我怎么做，他们都会觉得我是个坏孩子，是个淘气的孩子"。那些对儿童表现出失望、无法友好对待儿童、把眼光就盯在"淘气"和"坏行为"上的成人会让儿童产生畏惧感并造成很多麻烦，幼儿会故意做你不乐意的事情来报复和回应那些贬低与羞辱他们的成人。这样一来，学前儿童将无法为进入下一步的学校教育做好充分的准备。

4. 阶段四：成就感对自卑感（5~12岁）

处于这一阶段的主要是小学生，学前晚期的儿童也会经历。这一阶段的幼儿能够感觉自己可以独立地参与和完成一些有意义工作，而这些工作将使他们自己显得更加有能力，并与社会文化更紧密地融为一体。他们开始能够以"你是成功了产生成就感，还是失败了产生自卑感"为标准来评估自己的行为。

成人要知道，这一阶段的幼儿是期望获得成功的。那些已经发展起积极的自我概念和自尊的幼儿会把自己看做有能力的人，相信自己完全可以达到成人对自己的期待。那些把自己看做失败者的幼儿更易产生不适宜的行为，并表现出退缩。经历成功的机会越少，就越会降低儿童的自尊感，由此形成一种新的恶性循环。

总体来讲，学前儿童的情感发展主要经历了以上四个阶段，虽然各个阶段在年龄上区分得没有这么严格，但基本阶段的差别是很明显的。理解情感的发展阶段，将有助于成人预防潜在的行为管理事件，并提醒他们采用更加有效的干预策略以防止问题的发生。

人是社会的存在，幼儿很多社会行为的习得是向成人和同伴学习得来的，成人在影响儿童的社会行为方面起着决定性作用。社会化方面的不成熟很可能会导致幼儿打人、踢人、咬人和抓人等问题行为的产生。幼儿表现出的很多社会问题其实就是社会发展不成熟、缺乏社会经验、缺乏空间资源和缺少成人关注所造成的结果。幼儿的社会化从一出生就已经开始了，成人的一个重要任务就是要促进他们的社会化。这就需要成人对幼儿不同时期社会发展的内容及应对策略有所学习和掌握。

1. 幼儿早期的社会发展（0~2岁）

婴儿面对的第一个挑战就是要让至少一个成人来对自己的生存负责任。婴儿在这一过程中扮演着积极的角色。他们出生不久就会哭泣和微笑，能对成人的声音进行呼应，这将有助于建立起与父母之间的最初的联系。他们也在快速地学习如何与成人之间建立令人满意的联系，如在被抱起来的时候他们会显得很安静，在一起玩耍的时候会微笑。

在最初6个月内，婴儿能学习表达一些基本的情感，如高兴、感兴趣、害怕和惊奇。他们通过微笑和大笑以应对不同的社会情形，他们能模仿父母的表情，开始显示他们独特的气质类型。

到1岁的时候，他们会依恋重要的成人，通常是他们的父母。他们会在不熟悉的人出现时表现出焦虑。这一时期，成人需要提供机会让婴儿发展起安全的依恋感。那些和亲近的成人建立起依恋感的婴儿会感到安全并能充满自信地去探究外部世界。他们已经发展起了最基本的信任，他们相信成人会保护他们远离危险。如果试图把他们从熟悉与亲近的父母或信赖的照料者身边带走的话，他们就会表现出明显的焦虑和害怕。

到1岁半的时候，幼儿开始对兄弟姐妹、同伴及游戏产生兴趣。他们能够在镜子、相片或录像中认出自己来，能理解自己是一个独立的个体。他们已经开始能够遵从来自成人的一些简单请求。

到2岁时，幼儿就能将语言作为社会交往的一个部分，在玩具选择上表现出性别倾向，自我控制开始出现。

2. 幼儿后期的社会发展（2~5岁）

对于2岁左右的幼儿来说，自我概念的发展是他们的一项挑战。那些有着积极的自我概念和自尊程度高的幼儿，在合作、独立和负责任方面表现得更为积极主动。当幼儿的自我概念和自尊的程度提高后，他们将会在有益的氛围中高效率地学习适当的行为，同时也将大大减少那些不适当的行为。提升幼儿自我概念和自尊的水平是减少和消除不适当行为最好的预防策略。

自我是一个人建立起来的关于自身的认知结构，这个结构将会随着时间的推移而日渐发展起来。对于幼儿来讲，他们对于自身的理解和认识影响着他们的行为，这些行为和他们所持的观念是一致的。比如，知道自己是个男孩的幼儿就会倾向于选择那些男孩类型的活动，而不选择那些他认为是女孩才参与的活动。幼儿可能把自己看做是一个有魅力的、受欢迎的、有能力的人，也可能把自己看做是一个无魅力的、不受欢迎和无能力的人。这样的观点会对他们的行为产生影响。那些对自己有着积极看法的幼儿就会自觉地让自己的行为和自己的认识一致，就不易出现那些人们不喜欢的行为。而那些对自己有着消极认识的幼儿就会因适应不良而达不到人们的期望，他们甚至会做一些事情来证明对自己的消极认识。

自尊是自我评价中的一部分，是关于自身价值的主观的和个人的判断。这样的判断可能是有利和积极的，由此自尊将在较高的水平上发展；它们也可能是不利和消极的，这样自尊的发展就会在低水平上进行。幼儿自尊的发展在很大程度上取决那些在他们生活中起重大作用的成人（父母或教师）对他们的态度。如果成人事先设想了一些关于幼儿的表面与不合理的标准和期望，比如，希望孩子容貌出众、伶俐可爱、智慧过人或身体十分强健等，那么他们就会自动地把孩子们推向失败并让他们形成自卑感。幼儿会认为自己永远也不可能达到这样的标准，由此也就产生了对自己的怀疑。成人如果采取忽略的、贬低的、羞辱的和拒绝的态度，那么儿童就会形成低水平的自尊。与此相反，成人如果采取沟通的、接受的、关注的、支持的、鼓励的和肯定的态度，那么儿童就会形成高水平的自尊。

对于3岁左右的幼儿来说，他们面临的一个主要挑战是与他人建立起良好的社会关系。这需要幼儿能够理解他人行为并知道他人会如何对自己产生影响。幼儿需要能够以他人的视角来看待问题，这样才不至于完全以自我为中心。幼儿的社会认识、社会概念和推理能力将影响他们的人际关系、解决问题的策略和道德的发展。在此期间，第一个真正意义上的友谊是在与相同性别玩伴的活动中形成的。虽然攻击性行为时有发生，但是与其他孩子的合作行为有所增加。

父母和幼儿教育工作者在幼儿早期发展依赖感、自我概念、自尊和社会能力方面扮演着重要的角色。对于孩子们来说，如果他们与至少一位在其生活中举足轻重的人有亲近感，并发展成为一种安全、信任的关系，他们就更加能够顺应成人的期待和要求，表现得更为合作。这个重要的他人，通常情况下会是他们的父母，也可能是幼儿教育工作者等。已经建立起安全依赖感的幼儿会更乐意同别人建立起安全的人际联系，如祖父或祖母、自己所熟悉的其他成人和孩子、照料和教育自己的专业人士等。而如果幼儿没有和一个重要的人物建立起牢固的联系，那么这将在他的人际关系发展方面造成失败，从而在很多方面造成发展的延迟。

在幼儿与成人形成情感联系及产生依恋的过程中，一个重要的因素就是成人对幼儿发出信号（饥饿、不舒服、厌烦等）的敏感度和回应程度。简单的回应是不够的，幼儿需要成人对他们特定的需要做出适当的回应。比如，如果一个宝宝很饥饿，成人把他抱起来并摇晃他是无法满足他特定的需要的。成人对幼儿的回应会受到孩子个性和气质的影响，同时，成人自己的个性和工作方式也会对幼儿产生重要的影响。一个爱挑剔、急躁的成人可能发现让婴儿安静下来是十分困难的。所以，在对待幼儿时应充分尊重个体的不同气质类型，要用积极的互动来形成友好的关系，并且能在很长的时期内保持足够的耐心，以不断调整儿童的行为。

（五）　行为与智力发展

幼儿在思维和推理能力方面与成人有着很大的不同，幼儿了解世界的视角是不同于成人和大龄儿童的，因此，他们对于事件和行为的解释也是不同的。幼儿智力发展的主要特征是自我中心，他们是感性的，还无法理解别人对同样的事情会有不同的看法。另外，幼儿无法延时满足他们的需要，他们想要的东西立刻就要获得。因此，他们的行为显得自私，他们一点也不关心和考虑别人的感受或需要。认知上的不成熟往往会导致一些不适当的行为，比如，说假话、自私自利、乱拿东西和错误的理解等。

以皮亚杰为代表的认知心理学家把幼儿看做是一个积极活跃的个体，他们通过活动在环境中进行学习，从而逐渐地构建起关于外部世界的认识。

2岁以前的幼儿处于认知发展的感知运动阶段，在这个时期，幼儿以感官的形式探究外部世界、获取信息，他们对获得的信息进行加工处理并做出反应。在行为上，这一阶段的幼儿已经具有明确意图和目的的行为，他们对探究充满兴趣，并尝试着要有新的发现，乐意表现出更多的自主性行为。这种探究和尝试的行为常常看起来似乎是惹了很多麻烦，但它们并不是错误的行为，相反，它们是幼儿积极努力地发现和学习新事物的体现。

2～7岁的幼儿处于认知发展的前运算阶段。其中，2～4岁的幼儿处于前概念水平，因为他们还没有形成明确的概念。这个时期的幼儿表现出一种有限的但又是在不断提高着的象征能力，如语言、假装游戏和绘画等，他们的推理和逻辑思维能力很有限，而且无法由成人教给他们，只有通过逐渐成熟和获得与环境互动的机会，才能逐步具有推理和逻辑思维的能力。所以，在某种情形或事件上，幼儿还无法考虑到别人的观点，会显得自私和不顾别人，但这并不是错误的行为，这种行为的产生只是由于儿童认知发展还不够成熟。4～7岁的幼儿处于直觉思维水平。这个时期的幼儿虽然还不能离开操作进行思维，但是他们已经对物体和事件有心理表征，并能进行处理和转换信息，他们已经获得了分类、守恒和理解序数的能力，但是他们的思维依然受到直觉认识的控制，也就是说，他们对真实的事件进行猜测往往会出现错误。所以，幼儿常常无法将假想和真实区分开来，他们会有假想的玩伴，会"说谎话"或编造自己生活中的故事。成人需要明白的是，这些混淆是幼儿认知发展不成熟的体现，是正常儿童发展的一部分，并不需要对充满幻想的幼儿进行训斥和纠正。

以维果茨基为代表的心理学家强调成人在幼儿学习的过程中扮演着重要的角色。他认为幼儿的智力发展有着社会的起源，社会和文化背景对幼儿的思维产生着深刻的影响。也就是说，幼儿的发展受到成人与同伴的重要影响，幼儿潜在的发展水平取决于与成人之间的问题解决的程度，取决于成人的指导、支持及同伴间的合作，所以教学应该走在发展的前面，教学会促进幼儿认知的成熟与发展。

三、 教育原则与策略

（一） 理解所有幼儿都可能会有不当和错误的行为

　　行为不当或错误在幼儿的发展过程中是一个很正常的现象，只是，一些幼儿可能会做得比其他人更好一些。前面已经讨论过，幼儿的行为与他的发展水平有关系，受发展水平的制约与影响；而且，当幼儿做出不当行为的时候，他们往往并不知道自己的行为是不合适的，因为他们正在学习新的价值、期望、规范、标准、文化与社会的规则，所以常常是不知不觉地、无意识地做出一些不恰当的行为。

　　关于幼儿的行为，成人不能想当然地以为只要提供一个好的环境就能促进幼儿形成适当的行为。不管是最顽皮的幼儿，还是最友善的幼儿，都会出现不适当或者错误的行为，这是不可能避免的。所以，对于幼儿的不当和错误行为，成人首先应该理解，而不是生气、训斥和禁止。其次，要分析行为产生的原因，区别对待。如果是因为发展水平制约或是积极探索形成的，应多为幼儿提供锻炼、尝试的机会，让他们获得相应的经验；如果是因为模仿形成的，应为他们树立正面的榜样，等等。

（二）　给幼儿积极的纪律约束

纪律是一种控制和改变行为的方法，这其中包含很多的暗示。当纪律被看做是一种学习和引导帮助儿童学习的形式时，纪律就有积极的方面。积极纪律的目标是引导和鼓励幼儿的行为成为人们社会上与文化上认可的适宜行为，并发展起自控和自尊。也就是说，广义的积极的纪律是幼儿社会化与文化认同的过程，在这一过程中，他们不断积累感受，与他人相互作用，并形成内在的、自我决定的关于对与错的标准。

成人管理幼儿行为的一个目标就是通过积极的纪律约束让他们发展起自律和自控。这两个概念指的是幼儿能主动控制自身行为并使其符合人们主观的价值观、期望、标准和规则。当幼儿内化了价值观、期望、标准和规则后，他们就能采用成人教给他们的那些方式方法。形成的顺序一般是首先开始构建自我概念，然后再发展起自尊感，最后，学习自控，那是他们自身行为的规则。但是，对于5岁以下的幼儿来说，这种发展是间歇性的。因为自控能力的发展在儿童早期的整个发展中显然是一个缓慢而渐进的过程。

成人回应幼儿行为的方式影响着他们自控能力的发展。使用积极的纪律约束策略更易于让幼儿形成自控能力，因为这使幼儿能够参与到积极的认知过程当中。当幼儿发展起自控能力后，他们就能够控制冲动，会等待并延迟行动，忍受挫折，延期满足，开始尝试制订计划并执行计划。2岁以下的婴儿还不具备自控的能力，但是在2岁左右，这种自控能力开始有所萌芽。从这个时候开始，幼儿就能不断地提高对自身行为的责任感。

第三章　幼儿的行为问题

一、 幼儿行为问题的界定

　　行为问题，有时也称作问题行为，关于它的界定目前还不统一。有人按结果来界定，认为行为问题是指那些影响儿童身心健康、阻碍儿童智力发展，或是给家庭、学校、社会带来麻烦的行为（孙煜明，1992）。有人按类别来界定，认为行为问题是儿童身心健康发展的重要障碍，它包括儿童在行为和情绪两方面出现的异常，表现为各种违纪行为和神经症行为（张梅，1996）。有人按表现来界定，认为行为问题是儿童发展过程中的一种常见现象，主要表现在攻击反抗、违纪越轨、焦虑抑郁、孤僻退缩及各种身体不适等方面（吕勤等，2002）。还有人按程度来界定，认为行为问题是指在严重程度和持续时间上都超过了相应年龄所允许的正常范围的异常行为（王秀珍，2006）。

　　参考相关的定义，在本书中，我们把幼儿行为问题界定为：幼儿偏离常态标准的异常、不恰当行为。它有三层含义：一是这种行为在严重程度和持续时间上都超过了相应年龄所允许的正常范围；二是这种行为影响到了幼儿身心的健康发展，或者给他人带来麻烦，但是并没有达到严重阻碍幼儿发展的或者障碍的程度；三是这种行为在成人的正确应对下，会随着幼儿的成熟而逐渐减少和消失，但是，如果应对不当，则有可能转化为心理行为疾病，影响幼儿以后的生活。

幼儿行为问题的种类和表现

根据不同的划分标准，幼儿的行为问题可以分为不同的种类：

（一）根据行为问题的影响来分

根据行为问题的影响，可以把幼儿行为问题分为内向型行为问题和外向型行为问题两类。

1. 内向型行为问题

内向型行为问题主要指影响幼儿内部心理特征而非外部环境的心理卫生问题，包括退缩、焦虑和抑郁等。

2. 外向型行为问题

外向型行为问题反映了幼儿对外部环境的消极反应，表现为外显的心理卫生问题，包括攻击、多动和违纪等（李宏田、刘建蒙，2010）。

（二）根据行为问题的表现来分

根据行为问题的表现，可以把幼儿行为问题分为行为不足、行为过度和行为不当三类。

1. 行为不足

行为不足，指人们所期望的和通常应该发生的行为很少发生或者根本不发生。例如，4岁了还不会说话；7岁了还不会自己穿衣服；出现与场合不相符的过度紧张焦虑，如社交恐惧、很少与同伴交流，或不愿意与同伴交往等。

2. 行为过度

行为过度，指人们所不期望的和通常不应该发生的行为发生太多。例如，上课经常坐不住、扭动身体；打扰他人听讲；经常撒谎；非常爱干净、拿任何东西前都要洗手；贪吃太多甜食、经常咬指甲等。

3. 行为不当

行为不当，指行为出现在不适宜的情境下，但在应该发生的时候却不发生。行为不当是行为不足和行为过度的变式，即该发生的时候行为不足，不该发生的时候行为过度。例如，把玩具放在垃圾桶里；悲伤时大笑、欢乐时大哭等。

（三）根据行为问题的内容来分

根据行为问题的内容，可以把幼儿行为问题分为神经性行为问题、习惯性行为问题、情绪情感等社会性行为问题和认知性行为问题四类。

1. 神经性行为问题

神经性行为问题，指由于神经系统的生长发育引发的一些行为问题。例如，总是出现一些毫无意义、反复重复的强迫性行为，或歇斯底里行为；行为过于轻率、活跃，动作言语过多；精神紧张、无故生气；动作奇特、性格突变等。

2. 习惯性行为问题

习惯性行为问题，指由于不良的习惯引发的一些行为问题。例如，习惯性地吸吮手指，咬指甲；习惯性地擦腿、晃腿、晃头、眨眼；厌食、挑食；口吃；重复性小动作；玩弄生殖器；睡眠失调；遗尿等。

3. 情绪情感等社会性行为问题

情绪情感等社会性行为问题，指由于社会性发展引发的一些行为问题。例如，攻击性行为；焦虑；退缩性行为；过分依赖父母、老师；与别的孩子总是关系恶劣等。

4. 认知行为问题

认知行为问题，指由于认知发展引发的一些行为问题。例如，语言障碍、学习障碍、感觉统合失调等。

幼儿行为问题的具体表现形式多种多样，如交往不良、攻击、任性、依赖、睡眠障碍等，而且不同年龄段的幼儿行为问题的主要表现也存在着差异。有研究（刘云艳，2009）显示，0～2岁幼儿的行为问题主要有7种，按出现频次由高到低排列，依次为：社交退缩、破坏行为、攻击、身体诉说、睡眠障碍、抑郁、任性。3～6岁幼儿的行为问题集中表现在：攻击、分裂、社交退缩、抑郁、多动、违纪、身体诉说、性问题、不成熟、焦虑、强迫、学习障碍等方面。

三、 幼儿行为问题产生的原因

幼儿行为问题产生的原因十分复杂，除了幼儿自身生理和心理特质的作用以外，家庭、托幼机构等其他因素也有重要的影响。可以说幼儿行为问题的产生是多种因素相互作用的结果。下面主要从幼儿因素、家庭因素和社会因素三个方面来进行分析。

（一） 幼儿因素

幼儿因素包括幼儿的生理因素和心理因素两大方面。虽然，本书强调的是从心理与教育的视角来认识、理解与影响幼儿的行为问题，前面也重点讨论了影响幼儿行为问题产生的心理因素，但是不可否认的是，生理因素对幼儿行为的影响也非常重要。尽管由于生理因素造成的幼儿的严重行为障碍和疾病不是本书讨论的重点，但是正如前面提到的，幼儿行为问题的产生是多种因素相互作用的结果，这里有必要对这一重要因素进行一些分析。幼儿生理因素主要包括生理发育状况和气质特点两个内容。

1. 生理发育状况

遗传、脑损伤、怀孕期及围产期受损、新生儿缺氧、婴幼儿期的中枢神经系统感染、儿童自身发育迟缓等都是导致儿童发展异常的重要原因。其中，母亲妊娠时的健康状况及围产期安全，是4～16岁儿童少年行为问题的最大生物学影响因素。比如，母亲妊娠时与有毒物或放射线接触，有严重的妊娠并发症或合并症，围产期新生儿窒息及脐带绕颈等对幼儿行为问题的产生都有影响。此外，有研究发现，感觉统合失调是幼儿行为问题的主要危险因素，许多存在行为问题的幼儿有前庭功能协调障碍，还伴有脑神经发育迟缓的现象，感觉统合治疗可以减少幼儿的行为问题。

2. 气质特点

许多研究都表明，幼儿早期的气质特点对幼儿的行为问题有影响，幼儿的气质特点可能塑造着个体的发展并影响发育结果，是行为问题的前兆。比如，难养型的气质类型与内向型及外向型行为问题有更高的相关；活动水平高的气质类型与外向型行为问题有更高的相关；害羞及胆怯的气质类型与内向型行为问题有更高的相关；而坚持度与适应性是幼儿行为问题的保护因素，也就是说，坚持度与适应性高的幼儿表现出的行为问题会更少。虽然很多证据表明了气质与行为问题存在关联，但其关联产生的机制却缺乏研究证据（胡敏等，2011）。

(二)　家庭因素

家庭是幼儿健康成长的摇篮，在幼儿行为社会化的过程中，家庭起着关键作用。相对于幼儿的神经类型、性格特点、性别特征等不易控制的内部因素而言，研究者们更关注外部因素对幼儿行为的影响，其中，家庭因素是大家关注的一个热点。父母的教养方式、父母的教养态度、父母的心理特征及家庭气氛等一直被视为影响幼儿行为问题的最重要因素。

1. 父母的教养方式

父母的教养方式是近几年幼儿行为问题影响因素研究中的重点问题。许多研究者较一致地认为，幼儿行为异常是对家庭、环境因素的反应，是父母对幼儿采取了不适当的行为方式的结果，幼儿通过学习、模仿和投射等心理机制而产生异常行为。父母的养育方式与儿童的学习成绩、认知发展、人格和社会性发展等关系密切。

父母不良的教养方式被认为是儿童学业问题、行为问题及其他多种心理健康问题的共同的并且是较根本的原因之一。有研究（兰燕灵，2004）指出，不正当的教育方式可能影响儿童的高级神经功能和神经内分泌系统，从而影响儿童的行为。也有调查发现（全国22个城市协作调查组，1993），影响4~5岁儿童行为问题的最大因素是父母的教育方法、教育态度是否一致及父母之间的关系。另有研究发现（凌辉，2004），父母的温暖、理解与儿童的行为问题呈负相关，而父母的偏爱、溺爱则与儿童的行为问题呈正相关。

在教养方式中，有效的养育技能对于培养幼儿正确的行为方式有着十分重要的作用。缺乏养育技能的父母往往缺乏自信和自我效能感；在教育方式上，他们往往采用惩罚、批评或放任不管等方法；其教育目标通常反复无常、前后矛盾；他们不能很好地管理和监督幼儿的行为，或者由于忽视或惩罚幼儿的亲社会行为而导致对不良行为的强化等现象。

在教养方式中，母亲的不支持行为也会增加幼儿的行为问题。父母尤其是母亲的一言一行，在幼儿成长的过程中起着至关重要的作用。有些幼儿由于在物质和心理需要上得不到满足，又缺乏自我适应能力而心理失衡，出现一些强迫行为，如过度恐惧、行为和想法怪异、紧张抽动、无法摆脱某种想法等。有研究证实（王益文等，2002），母亲行为对幼儿的行为问题有着显著的影响，母亲的不支持行为增加了幼儿的行为问题，母亲的支持行为减少了幼儿的行为问题。母亲用言行表达积极的情感、尊重孩子、经常安慰和鼓励幼儿等支持行为减少了幼儿的社交退缩、破坏性和攻击性；对孩子表现出不耐烦、发脾气、拒绝其要求等行为致使幼儿的自尊心水平下降、自信心不足、自卑、性格孤僻、人际关系较差，在与同伴的交往中表现出交往不良的问题，对女孩而言，还会导致女孩性别角色和性别行为出现不安、好动、攻击性强等"男性化"倾向。

2. 父母的教养态度

父母的教养态度是幼儿产生行为问题的另一个重要影响因素。其中，父母的教养态度与幼儿的外显行为问题相关更高，而与幼儿的内隐行为问题相关较低。一方面，可能是因为父母对幼儿退缩、焦虑等内隐行为问题关注较少，另一方面，则可能是幼儿的内隐行为问题往往受幼儿自身先天因素的影响比较大，受父母教养态度的影响相对较小。

在幼儿2~4岁时，父母教养态度中的惩罚性可以显著地预测当时幼儿的外显行为问题，也就是说，在父母的教养态度中，惩罚性的态度越多，幼儿的外显行为问题就越多。这可能是因为：父母对幼儿采取惩罚性的消极态度会使幼儿产生强烈的抵触情绪并用相应的手段来进行反抗。父母经常惩罚孩子，不仅不能达到控制行为问题的目的，反而是通过强化，使孩子学会了如何使用强硬方式对付他人，从而更加剧了幼儿的外显行为问题。国内外研究都得出了类似的结论。

除了惩罚性以外，2岁时母亲教养态度中的保护与担忧也可以显著地预测2岁时幼儿的外显行为问题。这可能是由于调皮捣蛋、外显行为问题比较多的孩子容易引起母亲的关注和担忧。因为，从2岁开始，幼儿逐步形成初步的自我概念，这时的幼儿开始要求摆脱父母的束缚，争取独立自主。他们逐渐不满家长对自己的衣食住行给予过多的帮助和对自己各种行为的限制、干涉。所以，母亲过度的保护和干涉就可能导致孩子的不听话、不顺从行为，从而更加强化幼儿的外显行为问题。

另外，幼儿的行为会反过来影响父母的教养态度，也就是说，幼儿的行为问题也可能导致父母教养态度的改变。具体表现为，在幼儿2岁时，母亲对外显行为问题较多的孩子给予更多的关注和担忧，而随着幼儿逐渐长大，母亲对孩子逐渐采用更强硬的措施，给予更多的惩罚。

3. 父母的心理特征

父母的心理特征也是影响幼儿产生行为问题的一个重要因素。父母在心理健康及人格上的问题经常通过不适当的行为施加于幼儿，从而对幼儿行为产生不良影响。

父母抑郁程度越高，孩子行为问题产生的可能性就越大。有研究发现，母亲的抑郁对幼儿行为问题预测特别明显。抑郁以苦闷、情感、心境为代表性症状，以生活兴趣减退、动力缺乏、活力丧失等为特征，代表人的一种整体心境，弥漫性地影响人的整体行为。作为幼儿最密切的影响人，母亲的心境会辐射到幼儿的心境，尤其在亲子互动中，母亲对幼儿的情绪反应是影响幼儿行为发育的一个重要指标，这包括母亲对幼儿的温暖程度、情感的表露及鼓励和表扬。从依恋的角度讲，母亲的情感行为可以影响母子依恋关系的质量，母亲情绪消极会形成不安全的母子依恋，使幼儿缺乏对母亲的依恋感及对周围环境的安全感，从而影响幼儿的行为发展。

此外，拥有偏执型心理问题的父母可能对孩子不信任，猜忌孩子的善意，过于约束和限制孩子的行为，所营造的氛围也比较紧张和敌对。

4. 家庭气氛

研究者（肖凌燕，2004）发现，父母经常争执对立、家庭婚姻状况不良等与幼儿行为异常有较大相关。值得注意的是，双亲不和比双亲不全对孩子的消极影响更大。父母长期的分歧、敌对、争吵不休、紧张冲突会使孩子的内心产生严重的焦虑与矛盾、悲观、多疑、孤僻、心神不定或神经质，甚至心理变态或出现反社会行为。虽然父母离异后幼儿容易出现自卑、孤僻、怯懦、粗暴等心理缺陷和偷窃、打架、撒谎等不良行为，但离婚本身并不是引发幼儿行为问题的重要因素，真正的重要因素是夫妻间冲突程度和暴力水平的高低。另外，亲子关系质量的好坏、单亲父母压力应对和解决问题能力的高低则是离异家庭孩子产生行为问题的关键因素。

（三）　社会因素

对幼儿行为问题影响较大的社会因素主要有师幼关系、同伴关系及家园关系。

1. 师幼关系

被教师批评、提问等是引起或加剧幼儿焦虑、抑郁、恐惧等心理行为问题的重要因素。同时，教师对幼儿的"罗森塔尔效应"对幼儿的发展有较大影响，教师不合理和不适当的期待会造成幼儿的行为问题，因为他们对孩子的要求是幼儿根本无法做到的。幼儿的行为问题可能导致教师的过度反应或放任不理，幼儿的焦虑和厌倦情绪有时会促使教师意识到幼儿需要支持和鼓励，而给予幼儿更多的支持；但如果幼儿持续表现出低下的参与程度，那么就会影响教师对幼儿的喜欢程度，教师会认为幼儿是故意与其作对，因此会减少与其在一起的时间，同时也会降低对此类幼儿的发展期望。教师喜欢和那些友善、愉快、开朗的幼儿在一起，而那些困难型和迟缓型的幼儿得到教师的关注、鼓励和正面强化相对较少。有行为问题的幼儿常常被认为是"捣蛋鬼"，因此很少能得到教师的积极关注、鼓励或支持，相反，他们往往受到更多的批评或训斥。

另外，师幼关系会同亲子关系一起影响幼儿的情绪和行为适应。有研究表明，虽然早期亲密的母子关系在幼儿的情绪和行为适应中发挥着重要而又积极的作用，但是仅有亲密的母子关系还不足以减少幼儿出现各种行为问题的概率，至少还需仰赖幼儿在幼儿园中良好的师幼关系。其理论依据是，幼儿对母亲和教师的多重安全依恋对其以后的良好适应有着重要的意义。师幼关系质量与母子关系质量的一致性对幼儿适应的意义尤其重大，也就是说，只有与母亲和教师的关系质量都很高的幼儿才能够获得最佳的适应，而即使幼儿与母亲建立了高质量的关系，只要未能与教师建立起亲密温暖的关系，就会对幼儿的适应状况造成损害。

2. 同伴关系

有行为问题的幼儿一般在集体中都处于不受欢迎、受到拒绝或忽略的地位，不受欢迎的儿童在与别人发生交往行为时比受欢迎的儿童有更多的困难，长此以往，他们会变得越发害羞和孤单。有研究发现，被拒绝的儿童最容易产生攻击和破坏性行为，被忽略的儿童在任何方面都没有突出的表现，或者说他们在各个方面的积极性都较低。正是由于有行为问题的幼儿自身的问题，比如，他们不会使用有效的交往策略，更多地以"自我为中心"，导致了他们在集体中与同伴交往的困难和失败，当受到了同伴的排斥或拒绝后，他们缺乏信心和有效的方法，使自己逐渐从集体中孤立出来，加剧了自身的心理压力和焦虑。有研究证明，具有攻击性行为的幼儿常遭到同伴的拒斥，由于遭到同伴的拒斥，攻击性行为幼儿逐渐对同伴失去信任，导致其行为的攻击性进一步增强。

3. 家园关系

家庭与幼儿园等托幼机构之间的有效配合是预防幼儿行为问题发生的关键因素。据调查，大多数行为问题幼儿的父母与其子女的教师之间的沟通是令人不愉快的。教师往往对行为问题幼儿作更多的消极评价，并对家长的教育更多地表示不满，这些消极反应常常强化家长业已形成的习得性无助感，削弱了其教育行为的有效性，进而破坏了家庭教育与托幼机构的有效配合。

四、 幼儿行为问题的应对

（一） 应对原则

1. 正确认识幼儿的行为问题

首先，慎重界定幼儿的行为问题。幼儿行为问题的界定实质上是一个从量变到质变的过程，中间有一个过渡区域，而不是一刀切为有或者无。从正常行为到变态行为的中间状态就是行为问题，这个中间状态如何确定、标准是什么，是一个很复杂的问题。幼儿出现了行为问题，并不表明他就与正常儿童有多大的不同，不过是表现出有暂时偏离正常轨迹的可能性而已。对幼儿行为问题的界定会影响教师和家长的态度和行为。一些教师和家长在判断幼儿行为问题时更多地是依据自己已有的经验，他们在认识幼儿的行为问题时存在一些误区：有的容易夸大幼儿行为问题的严重性，将其视为疾病，认为只有通过药物才能进行治疗；有的则倾向于缩小幼儿行为问题的严重性，不以为然，认为随着幼儿年龄的增长其行为问题会自然消失，不会带来什么影响；还有的将幼儿的行为问题视为品德问题，认为应通过严格的管理等教育措施来解决。这些认识都不利于正确应对幼儿的行为问题。

其次，重视幼儿行为问题的发展性。幼儿期是一个快速发展的时期，这决定了幼儿的行为问题表现出比较明显的发展性。也就是说，虽然幼儿的一些行为存在异常而且给自己和他人带来很多麻烦，但这是由于幼儿的成熟与发展造成的，随着幼儿的成长和成人的正确应对，一些行为问题会逐渐消失，只是在某个特定的时期，个别幼儿的表现与其他人不一样。因此，教师和家长必须了解幼儿发展的基本知识，这样在遇到问题时才会有一个大致的判断，而不至于过于惊慌或无视幼儿的问题。

最后，了解幼儿行为问题产生的复杂性。幼儿行为问题产生的原因十分复杂，除了幼儿自身的因素外，还有家庭、同伴、学校等其他因素，而且幼儿行为问题的产生往往是多个因素共同作用的结果。教师和家长在采取应对方法之前，必须先弄清楚是什么原因导致了幼儿行为问题，这样才能做到有的放矢、对症下药，否则，不仅效果不理想，甚至还会起反作用。比如，幼儿突然喜欢脱其他小朋友的裤子。面对幼儿的这一行为，教师和家长不应该只是打骂幼儿或者给幼儿贴上"道德败坏"的标签，或者是当着幼儿的面哈哈大笑，而应该全面分析幼儿产生这种行为的原因。原因可能有这样几个：一是幼儿开始对自己和他人的身体感到好奇，对男孩、女孩的身体差异感到好奇。因为好奇而进行探究，这对于幼儿来讲是很正常的事情，这是幼儿的本性，就好比一副厚重的布帘挡在我们面前，谁都忍不住想掀开看看一样。只是，幼儿不知道随便脱别人裤子的行为是社会文化所不允许的，他们需要成人教给他们正确的方法。二是成人经常以这样的方式和幼儿开玩笑，使得幼儿模仿。在日常生活中，一些成人喜欢用脱裤子的方式来逗小男孩玩，于是幼儿也跟着模仿这种行为。成人、同伴、大众媒体中的形象等都可能是幼儿模仿的对象，幼儿经常在观察中进行社会学习，因此，教师和家长不仅自身要为幼儿树立正确的榜样，同时也得关注幼儿学习与生活的社会环境，在分析幼儿的行为时，考虑到环境因素的影响，努力为幼儿创设一个良好的环境。三是成人的夸张反应强化了幼儿的偶然行为。幼儿一两次不小心在成人面前脱了裤子或者是被开玩笑的成人脱了裤子，结果周围的成人哈哈大笑，还不时编一些故事来打趣幼儿，成人的这些反应让幼儿觉得脱裤子是一件很好玩的事情，能引起成人的极大注意，因此，他们脱裤子的行为就增多，甚至去脱其他小朋友的裤子。

2. 干预与预防并重

当幼儿出现行为问题时，教师与家长最关心的是采取什么样的方法去控制和减少幼儿的行为问题，已有的研究也多是介绍和尝试各种干预方法和矫正技术。一方面，幼儿行为问题是介于正常行为与变态行为中间的过渡阶段，它虽然有些偏常，但存在很大的防治的可能性；另一方面，幼儿的行为问题具有发展性特点，随着幼儿的成熟会有很大的变化。因此，幼儿的行为问题是可防可治的，教师和家长不仅要重视幼儿行为问题的干预，也要重视幼儿早期行为问题的预防。对于一些由于发展限制形成的行为问题，如发脾气、咬人、身体攻击、独占等，不要去强制改变，而要采取预防性的措施，这样会更有效些；对于一些由于家庭社会影响而形成的行为问题，在没办法预防的情况下则只能尝试进行干预甚至矫正。教师和家长应该依据幼儿身心发展的规律以及相关的幼儿行为问题影响因素的研究，在幼儿行为问题尚未形成、形成之初以及比较顽固等不同阶段采取不同的防治措施，给予正确的引导；同时，应着眼于研究与培养幼儿积极的情绪、行为和人际关系，为幼儿创设适宜发展的环境，支持与促进幼儿的健康成长。

3. 发展性教育与补偿性教育并重

目前，针对幼儿心理健康和行为问题的教育途径与方法的研究主要有两类：发展性教育与补偿性教育。发展性教育又包括团体发展性教育和个别发展性教育两个方面。团体发展性教育较多讨论的是通过幼儿园日常活动、游戏活动、体育和音乐等教育活动促进幼儿心理与行为健康发展；个别发展性教育则主要是通过培养幼儿良好的心理品质及预防不良行为倾向等个别化措施促进一般儿童的心理与行为健康发展。补偿性教育采用比较多的是团体补偿和个体补偿相结合的教育方法。研究大多是针对问题儿童的具体行为问题，如阅读障碍、退缩、欺负、害羞、攻击、口吃等；针对患有自闭症、感觉统合失调等严重心理疾病的儿童，大多采取较为正规的心理健康教育技术，例如，沙盘游戏/箱庭疗法、游戏心理辅导/游戏疗法/游戏教学法、SCERTS模式、三元训练、应用行为分析法、整合治疗模式、行为矫正法和音乐疗法等。

　　总体来讲，补偿性教育的研究远远多于发展性教育的研究，比例约为3∶1。这一方面说明目前研究的重点在幼儿行为问题的治疗与矫正上，而对教育上的预防和促进性发展模式的研究不够；另一方面，也反映出人们在应对幼儿行为问题时，存在头痛医头、脚痛医脚的问题，缺乏全局性、发展性的认识，忽视了幼儿快速发展的特点。发展性教育与补偿性教育不应仅仅是针对不同行为问题程度的幼儿，相反，即使是对于同一位幼儿，也应同时考虑发展性与补偿性。对幼儿的治疗与矫正和雕刻一件作品完全不一样，它不以成人的意志为转移，不是成人想"雕刻"成怎样就成为怎样。幼儿积极主动地成长与发展决定了治疗与矫正应该是一个动态的过程，方法的选择、实施的步骤等都得依据幼儿发展的规律与实际，否则，这种补偿性教育肯定不适合幼儿。所以，只有发展性教育与补偿性教育并重，才可能探索出适宜于幼儿的应对幼儿行为问题的途径与方法。

（二） 基本方法

幼儿行为问题的应对可以从以下几个方面入手：

1. 给幼儿提供相应的经验与训练

有时幼儿产生不适当的行为是因为他们不知道该怎么去做，幼儿由于经历和经验的缺乏，往往对自己和他人的行为缺乏正确的认知。当幼儿做出一些特别的事情时，比如，随意拿走别人的东西、不穿内衣裤等，并不是因为他们从小道德有问题，而很可能是因为他们缺乏这方面的知识或在认识上有所不同。在这种情形下，幼儿教育工作者和教师的职责就是要丰富幼儿的经验，给他们提供或者创设条件，让他们去了解和学习相关的经验。同时，也要给他们留出足够的时间和空间，让他们去体验，允许他们犯错误。经验是幼儿最好的老师，让幼儿免受伤害是必要的，但不能因为想保护幼儿而让他们避开自然与合乎逻辑的经验体验过程，相反，幼儿教育工作者和教师应当从每件事情中让儿童来体验什么是合理的结果，这样，幼儿会逐渐学会对自己的行为负责，自己选择并决定去做什么。

在集体中生活对于很多孩子来说都是新的和富有挑战的经历，这要求幼儿具有很多以前所没有的知识和技能。许多幼儿之所以会采取一些社会不能接受的行为方式，比如攻击性行为、随意拿别人的东西等，只是因为他们还没有学会如何以更好的方式去表现自己的行为。社交能力的缺乏容易导致幼儿被同伴拒绝和孤立，进而让他们产生更多的行为问题。学习到特定的社会知识和技能以便能在社会中得以生存，这对幼儿来说是一个社会现实。幼儿教育工作者与家长要重视对幼儿社交技能的培养和训练，培育幼儿的亲社会行为，增进幼儿的心理健康，鼓励幼儿学习与了解日常生活中的一些社会规范、适当的沟通方式和人际交往的技能。

2. 进行家庭教育的指导

家庭在儿童的发展中起着不可替代的作用，父母的教养方式、父母的教养态度、父母的心理特征及家庭气氛等家庭因素对幼儿行为问题的产生有重要影响。对于有行为问题的幼儿，幼儿教育工作者要及时与家长沟通，了解家庭教育的方式，共同寻找解决问题的办法。有些家长以自己工作忙为理由，把幼儿的教育问题全部推给教师，但是教师的力量是有限的，尤其是在得不到家长的积极配合时，教师的教育作用是很难产生长久效果的。因此，教师要根据幼儿的情况，给家长提供一些科学合理的教育建议。

首先，家长要和幼儿建立良好的亲子关系，给幼儿一个健全和谐的家庭。幼儿的心理健康问题，可能并不能像生理或身体的健康那么容易引起家长的关注，但是它所产生的危害却比生理或身体的健康问题要大。孩子早年缺乏父母在精神上的关爱是一个至关重要的因素。因此，家长每天要尽可能多地投入一定的精力和时间来陪孩子玩耍、与孩子交流，让孩子感觉到父母的关爱；以平等尊重的教育方式教育孩子，多给孩子鼓励和支持；克制自己的不良情绪，保护幼儿的自尊心。父母如果表现出不耐烦、发脾气、拒绝其要求等行为，会导致幼儿的自尊心水平下降、自信心不足、自卑、性格孤僻、人际关系较差，在与同伴的交往中容易表现出交往不良的问题。所以，父母尤其是母亲用言行表达积极的情感、尊重孩子、经常安慰和鼓励幼儿等支持性行为可以大大减少幼儿的社交退缩、破坏性和攻击性；经常向幼儿讲解生活、健康和生理知识等的支持行为可以减少幼儿社交退缩行为的出现。

其次，家长要给幼儿创造与同伴交往的机会。同伴交往给幼儿带来的影响同样也是幼儿发展中不可缺少的部分。幼儿在玩耍中长大，在与同伴交往的过程中，幼儿将逐渐学会如何与人相处、如何在集体社会中生存。但是，中国城市家庭由于独生子女政策、家庭结构和居住方式的影响，幼儿在家里与同伴交往的机会不多，从小就被捧为家里的"小皇帝"、"小公主"，抗挫能力差，不懂得谦让与分享，不知道如何处理与同伴的矛盾和纠纷，缺乏必要的社会性交往的技能、技巧，容易出现行为问题。其中，最容易出现的行为问题是社交退缩、不合群、孤僻、胆小、自我中心等。尽管幼儿也可能会通过一些电视媒体、图书等懂得一些社会交往的道理，但是他们因为缺乏与同伴交往的机会，常常不能在实际中应用。社会交往的技能是教师与家长仅通过说教无法教会的，成人必须给幼儿提供事件发生的情境，才能让幼儿去学习和体验，在一次次的成功与失败中去感悟并积累经验，从而逐渐发现怎样去接纳别人和被别人所接纳的方法，学会以自己的方式去独立地解决问题。与同龄伙伴在一起，他们有着共同的兴趣、爱好，能在共同的活动中去化解矛盾，在解决纠纷中彼此磨合，在相互适应中克服冲动，在延迟满足中承受挫折、迎接挑战。

再次，家长对幼儿的期望值要适度。父母对子女的期望要实事求是，不能片面夸大孩子学习和承受压力的能力。期望值过高，会给幼儿带来严重的心理压力。研究表明，幼儿的心理压力与行为问题尤其是违纪行为有一定程度的相关。压力耐受性差的幼儿，具有退缩、胆怯、犹豫不决、依赖性强、不易与人合作、缺乏安全感、任性、脾气暴躁、固执、孤僻、不合群等不良性格特征。父母期望值低、学习成绩差、伙伴关系差是导致幼儿行为问题的危险因素，而父母不正确的教养方式，一味地让孩子承受各种"良好愿望"的压力，势必会增加幼儿发生行为问题的概率。父母给孩子的期望不应该只停留在知识和技能的积累上，良好的健康的心理素质及优秀的思想品德能使幼儿终身受益。

　　总体来说，家长要为幼儿创设一个和谐的家庭生态环境系统，尽可能保持该系统的平衡与和谐发展，减少不利于幼儿心理健康发展的各种诱因，为幼儿的成长构筑良好的、安全的心理空间。

3. 加强家庭与托幼机构、社区的交流与合作

　　家庭、托幼机构、社区是幼儿成长的重要场所，它们共同构成影响儿童行为的教育生态环境。对幼儿行为问题的预防与干预需要家庭、托幼机构和社区的共同参与。家长和托幼机构之间的有效配合对于预防幼儿产生行为问题起着十分重要的作用。家长要主动与教师保持密切的联系；要培养孩子尊重教师，与教师建立积极愉快的关系；当孩子发生问题时，家长要积极同教师一起探讨解决问题的办法，从而促进问题的解决。同时，教师也要积极保持与家长的沟通与合作。教师应该利用家长会、家长委员会、亲子活动、幼儿入园离园等机会及时与家长沟通幼儿的情况；给家长提供专业性指导与建议；设计专门的教育活动和延伸活动等，以和家长一起应对幼儿的行为问题。此外，社区对幼儿以及家庭的影响越来越大，主要体现在进行一些健康的教育宣传，组织幼儿进行集体活动、亲子活动及家庭联合活动等方面，社区与家庭、托幼机构的合作有利于为幼儿和家庭创设发现与解决行为问题的机会和情境，使幼儿在体验中成长。

（三）　矫治技术

　　对于幼儿期的心理及行为问题，国内外教育学、心理学及医疗工作者给予了较为充分的关注，他们以精神分析、行为主义、认知发展等理论为基

础，研究出了种类繁多的矫治方法。幼儿的行为问题产生的原因很复杂，表现的程度差别也很大，我们在应对时应该坚持预防与干预并重、发展性教育与补偿性教育并重，并不需要对每一种行为问题都进行矫正与治疗。但是，了解一些常用的矫治技术，不仅有助于教师与家长应对幼儿较为棘手的行为问题，也使成人在面对幼儿的行为问题时能够获得一些具体操作上的建议，多一些选择。下面将结合一些案例来介绍几种主要的矫治技术，这里要说明的是，列举的案例主要是为了让教师和家长清楚地了解某种矫治方法，而不是对案例本身进行更全面、更深入的分析，可能某个案例里面的行为问题还可以根据其产生原因的分析而采取其他技术来进行矫治，但这不是我们这里重点要讨论的内容。

1. 强化

简单来讲，强化就是在某种行为发生后跟随着强化后果能使该行为频率增加或维持的过程。强化是行为问题矫治中运用得最多的技术。一般情况下，要想增加幼儿的行为，强化是最有效的办法。比如，在商场里，有的孩子得不到想要的东西时就会耍赖、哭闹，这时孩子的父母可能会因为在公共场所很尴尬，于是答应孩子的要求买了东西，孩子也就停止哭闹了。这样处理的结果很可能是，下次这个孩子再遇到想要的东西，仍然会用到上述的方法，直到得到"战利品"。在这个过程中，双方的行为都得到了行为后果的强化。孩子哭闹的行为被父母买东西的行为强化，而父母买东西的行为又被孩子停止哭闹的行为强化，因此，这种亲子间的行为循环方式可能就此产生。

强化可以分为两种：一种是正强化，另一种是负强化。正强化又称为积极强化，就是在一个行为发生后，"积极地"给予刺激或者增加刺激的强度，以期达到增强该行为的目的。负强化又称为消极强化，就是在行为发生后，"消极地"撤销刺激或降低刺激强度，以期达到增强该行为的目的。

（1）正强化的使用

正强化技术是在目标良性行为之后呈现强化物，也就是积极刺激，从而使该行为频率上升的行为治疗技术。这一技术被广泛应用于家庭教育、学校教育、临床治疗等不同领域。正强化的基本实施过程包括：第一步，目标行为的确定；第二步，选择强化物；第三步，具体实施；第四步，脱离治疗和随访。

案例：6岁的童童有夜间尿床的问题。治疗者让童童在白天喝大量的水或饮料，如果童童想小便，就让他憋住。如果童童坚持的时间长了，就奖励他饼干。在治疗的开始阶段，治疗者规定的憋尿时间为5分钟，即当童童报告想小便时，如果能憋住5分钟，就给予奖励。然后，逐渐增长憋尿时间，如10分钟、15分钟，等等。最后，童童克服了夜间尿床的问题。

（案例来源：张雨新，1989）

分析：在这个案例里，目标行为是改善幼儿的不良行为（夜间尿床），即增加幼儿的憋尿时间，让幼儿不要夜间尿床；强化物是饼干。在选择正强化技术时要注意以下几点：

首先，要准确确定目标行为。在改善幼儿的不良行为时，目标行为通常是与不良行为伴生的良好行为，这正是我们要强化的对象。

其次，要正确选择强化物。强化物就是使行为频率上升的积极刺激，它有很多种类，包括玩具、零食、拥抱、赞扬、看电影，等等，只要是幼儿喜欢的，都可以作为强化物。在选择强化物时，一定要考虑到幼儿的个体差异，要根据矫治对象的喜好来选择，比如，在本案例中，如果幼儿不喜欢吃饼干，那以饼干作为强化物则可能适得其反。

最后，在实施时要注意一些细节，包括：按照计划，在目标行为出现后立即呈现强化物；呈现强化物后，最好向幼儿描述被强化的具体良性行为，比如，"你这次竟然坚持了5分钟"而不是仅仅说"你真棒"；采用逐步加长间距的间歇强化，当间距无限大时，结束治疗计划。

（2）负强化的使用

负强化是在目标行为后减少或撤销惩罚物，也就是厌恶刺激，从而使该行为频率上升的行为治疗技术。运用负强化可以消除不良行为，同时建立替代的良好行为。

案例：薇薇从小是奶奶带的，内向、胆子很小，和奶奶感情很好，因为快上小学了，就回到父母身边。有一天，妈妈带着薇薇去自己工作的单位参加联谊活动，发现薇薇就是不敢跟自己的同事打招呼，妈妈看到别的同事的孩子那么乖巧，心里很不是滋味。在以后的几天，妈妈对薇薇进行了细心的观察，发现她跟熟悉的邻居、同学、同小区的小朋友也不打招呼。妈妈问薇薇为什么，薇薇回答说自己不敢。妈妈担心这样下去，薇薇的人际交往会受到影响，因此妈妈就跟薇薇规定，凡是碰到熟人，要是薇薇没有打招呼或问候对方，周末就不带她去奶奶家玩儿。自此，薇薇开始跟别人打招呼了。

（案例来源：朱婷婷，2010）

分析：在这个案例中，目标行为是让薇薇愿意和别人打招呼，厌恶刺激是周末不能去奶奶家玩儿，治疗的结果是减少和撤销厌恶刺激，即带她去奶奶家玩，薇薇和别人打招呼的行为增加。使用负强化技术时，应该注意以下几点：

首先，必须着眼于良好行为，本案例中的良好行为是和熟人打招呼，虽然我们是针对幼儿的行为问题来实施矫治的，但在发现幼儿的不良行为时也需要找到与其对应的良好行为，这样才有利于实施矫治。

其次，要明确负强化主要是通过逃避反应和回避反应这两种过程起作用的。幼儿在厌恶刺激出现后，通过表现良好行为而逃避厌恶刺激，反复多次后，幼儿的良好行为得到了增强，这个过程就是逃避反应；经过多次逃避，幼儿一般会找到厌恶刺激出现的信号，在其出现前就表现良好行为，这样就通过表现良好行为回避了厌恶刺激，同时幼儿的良好行为得到增强，这个过程就是回避反应。一般情况下，如果逃避反应和回避反应都能起作用，应该首选回避反应。

2. 惩罚

想要减少幼儿的不良行为，惩罚在很多人眼里可能是最"立竿见影"的方法。惩罚就是在某行为出现后，马上给予其不想要的结果，能使这种行为的频率减少的过程。惩罚与负强化的差别是前者最后是行为频率减少，而后者最后是行为频率增加。惩罚也分为正惩罚和负惩罚。刺激的出现或刺激强度的增加，导致行为发生概率的下降就是正惩罚。正惩罚的方法有给脸色、警告、批评、呵斥、罚劳动和体罚等；刺激的消除或刺激强度的降低，导致行为发生概率下降就是负惩罚。负惩罚的方法有隔离和反应代价。

案例： 妈妈给晴晴一直是母乳喂养，当她10个月时，妈妈工作忙起来，母乳的质和量也都明显下降，于是家人决定给晴晴断奶。但是，晴晴吃惯了母乳，特别排斥奶瓶和奶粉，即使是母乳明显不够吃，也要含着妈妈的乳头，而不愿意吃奶粉。家人很着急，尝试了各种办法。一是减少妈妈和晴晴见面的时间，以免晴晴看到妈妈就要吃母乳；二是在妈妈乳头上涂上黄莲汁，让晴晴碰到妈妈的乳头就吃到特别苦的黄莲。十几天之后，晴晴终于开始吃奶粉，不再缠着妈妈吃母乳了。

分析： 上面这个案例同时使用了正惩罚和负惩罚，在妈妈乳头上涂黄莲汁，让幼儿减少吃母乳的行为是正惩罚；减少晴晴和妈妈见面的时间，从而减少晴晴吃母乳的行为是负惩罚。实际上，对于惩罚的使用，一直存在很大的争议，争议最大的是关于体罚的使用。有人认为体罚不符合伦理规范，而且并不是效果最好的方法；也有人认为幼儿有很多极端有害的行为只能通过体罚才能抑制，适度体罚是有必要的。折中这些争议来看，我们应该注意两点：第一，惩罚是一种改良幼儿行为的万不得已的方法，它仅适用于幼儿的不良行为对自己有伤害而且没有其他更好的办法的情况。第二，在必须使用惩罚的情况下，使用惩罚时要恰当。

首先， 在幼儿最初出现不良行为时就应该使用较为严厉的惩罚。在日常生活中，教师和家长经常是在开始时使用较为轻微的惩罚，如一般性的批评，但到了不良行为反复出现时，惩罚的强度随之增加，从大声地呵斥到举手恐吓，直到真正动手打屁股，这样由弱到强的过程不仅不能有效遏制幼儿表现不良行为后可能产生的危害性结果（比如用手摸插座孔、乱跑马路等危险行为），而且也降低了较晚出现的强烈惩罚物的作用（比如有的教师和家长在教育幼儿时，轻声讲道理已经不起作用，必须很凶狠地大声吼几遍，幼儿才有所收敛）。所以，逐渐增加惩罚的强度，不如开头就用严厉的惩罚有效。

其次， 在幼儿不良行为出现时应立即进行惩罚，拖延的时间越长，效果越差。比如，当幼儿在幼儿园表现很不好时，有的教师实在拿幼儿没办法，就告诉幼儿会把他的表现告诉家长。幼儿害怕家长的责罚，一直到家长来接离园时都表现得很好。但是，教师看到家长后仍然把幼儿之前的不良行为告诉了家长，幼儿回家被狠狠地责罚了。这样，延后实施的惩罚相当于同时惩罚了幼儿的不良行为和良好行为（幼儿后来表现好了），很容易让幼儿在幼儿园里成为和老师对着干、自暴自弃的"老油条"。

3. 塑造

塑造是一种让幼儿养成新的行为的有效方法，它适用于建立各种良性行为。塑造是一种强化安排，最初强化的对象是客观存在的，或多或少与目标行为有关的行为，当这个行为稳定后，不再进行强化，转而强化另一个更加接近目标行为的行为，这样继续一步步强化越来越接近目标行为的行为，最终达到建立目标行为的目的。在日常生活中，教师和家长常常有意识或无意识地使用塑造的方法来培养幼儿良好的习惯。

案例：5岁的因因非常喜欢玩水，每次妈妈在卫生间洗衣服她都会过来凑热闹。一天，她拿起妈妈大盆子里自己的小脏袜子甩着玩，妈妈并没有责怪她让她出去，而是微笑着说："哦，这是你的小袜子！"因因很高兴，又拿起一只，妈妈继续说："不错，你凑了一双！"妈妈一边和因因说话，一边用肥皂洗其他的衣物。因因说："我也想用肥皂！"妈妈递给她肥皂，因因用肥皂在自己的袜子上学着妈妈的样子搓两下，再搓两下，妈妈鼓励地说："哦，因因真能干！"因因很高兴。第二次，因因又在妈妈洗衣服的时候进卫生间，主动拿起自己的袜子用肥皂洗起来，不仅如此，还洗了自己的小手绢，妈妈高兴地说："找到小手绢啦，洗得真干净！"就这样，经过几次，每次妈妈洗衣服，因因都去帮忙，不仅洗了自己的衣物，有时还尝试拿稍大点的衣物来洗，这时妈妈会鼓励说："因因真的长大了，爸爸的衬衣都拿得动了，爸爸的衬衣是不是很大？你是不是感觉很吃力呀？休息休息吧，大的衣服妈妈来洗！"囡囡兴奋地说："不累！"这样经过很多次，妈妈逐步教囡囡识别脏的地方，把脏的地方多搓几下，于是，囡囡洗衣服洗得越来越熟练了。

（案例来源：朱婷婷，2010）

分析：上面这个案例家长塑造的目标行为是让囡囡学会做力所能及的事情（这里是洗自己的衣物）。囡囡玩水、玩自己的脏袜子、玩肥皂、洗袜子、洗手绢、尝试洗爸爸的衣服等一系列行为都是与目标行为有关的行为，经过妈妈一步步地强化，最后形成了洗自己的衣物这一目标行为。其实，再进行扩展，还可能会帮助囡囡形成做其他力所能及的事情的良好行为，这一目标行为是可以无限扩展的。但是，在使用塑造方法时，应该注意一些问题：

首先，要对与目标行为相关的初始行为及后续行为敏感。教师和家长毕竟不是专业的心理工作者和治疗师，而且他们经常面对的幼儿的行为问题通常是发生在日常生活中，要从琐碎的日常行为中发现与期望塑造的目标行为的相关性并及时强化，这是一件有难度同时也很重要的事情。假设案例中的妈妈见到囡囡玩水就大声呵斥，见到囡囡玩臭袜子就严厉制止，那么后续发生的更可能是囡囡偷偷地玩各种可能碰到的水（包括马桶里的水），妈妈一洗衣服就捣乱，和妈妈恶言相对等一系列行为问题。所以，要想运用好塑造这一行为养成的方法，教师和家长必须学会观察、思考幼儿的日常行为，从中发现其与目标行为之间的相关性，并且能及时进行强化。

其次，在塑造的过程中不能急于求成。良好行为的养成都有一个过程，塑造方法的优点是可靠而不是快捷。过于着急会使每个步骤之间的行为目标相差过大，幼儿达到的难度增加，容易产生烦躁挫败感，从而会使塑造过程难以完成。反过来，太慢、太容易，幼儿也容易失去耐心，同样影响塑造过程。

4. 代币制

代币制是用代币对个体行为进行强化的一套行为管理方式。具体方式是，幼儿的目标良性行为发生时及时给予相应数量的代币，之后幼儿可以按照已经订好的规则用代币兑换各种强化物。代币的形式有很多，可以是有形的物品，比如，贴纸、小红花、扑克牌、塑料片等；也可以是无形的物品，比如，画在图表上的分数、五角星、圆圈、点数等。代币制中可兑换的强化物包括消费性的（食物、饮料等）、活动性的（打球、看动画片等）、操作性的（玩各种玩具等）、拥有性的（手表、运动鞋等）及社会性的（鼓励、拥抱、奖状等）。代币制的主要优势在于能对幼儿的良性行为进行及时的强化，而且不会干扰正在进行的活动。在教育和家庭领域采用的不是严格按照程序的正式的代币制，主要采用的是非正式的形式。一般来讲，只要是比较正式地与当事幼儿事先约定，用代币的形式对幼儿行为进行记录和反馈，并且以此为依据按约定对幼儿的行为进行奖惩，都是对代币制的应用。幼儿园老师用得比较多的代币制方法是在幼儿做出适当行为时发放五角星、小红花、贴画等代币，并在此基础上设置各种奖励制度，如用代币换取额外的食物、活动时间、玩具、奖状、奖章等。

案例： 豆豆上幼儿园大班了，自制能力有点差，老师组织活动的时候，他喜欢和小朋友说话，玩iPad常常超过约定的时间，另外，有点怕困难，遇到点困难就要放弃。妈妈想让他克服这两个问题，于是和他商定：在幼儿园老师讲事情的时候不和小朋友说话，给一张奖励卡（自制）；每天玩iPad不超过10分钟，给一张奖励卡；如果一天都不看iPad，给两张奖励卡；自己同意报名学校的活动（如轮滑、钢琴、游泳等），坚持参加学习或练习一次，给一张奖励卡；然后，10张卡可以换去超市买一样自己喜欢的零食，15张卡可以换一场电影，30张卡可以换一个玩具。豆豆对这一形式很有兴趣，一周尝试下来，通过自己的努力，他兑换了自己喜欢的东西，也很有成就感，行为有明显改善。

分析： 本案例中目标行为是让幼儿增强自制力、不怕困难，代币是自制奖励卡，强化物是零食、电影、玩具，有一套自定的兑换规则。采用代币制能够及时强化幼儿的行为，延时满足他们的需求，从而增强自我控制能力，同时，由于形式多样，能让幼儿在较长时间保持新鲜感，但实施时也要注意以下几点：

首先， 在选用代币的时候要考虑安全、可计算、便于保存和发放、本身不具有强烈吸引力等条件。比如，代币太好看或好玩，幼儿容易被代币吸引，则发放代币就会分散幼儿的注意力，或者幼儿就希望把代币存起来而不愿意用它来兑换强化物，这样就会对后面进行的活动有不良影响。

其次， 代币可兑换的强化物最好具有多样性，让幼儿有较多选择，这样幼儿的参与兴趣会延长；各种强化物在强化价值上最好存在梯度，也就是说，要根据幼儿的喜好把兑换强化物的代币数量拉开距离，这样既能让幼儿容易得到吸引力小点的强化物，提高参与兴趣，又能够激励幼儿为得到更好的强化物持续积累代币，培养他们延迟满足的能力。

最后， 一个很重要的问题是代币制的过渡。通过代币制来强化、管理幼儿的行为只是我们的一种手段，我们最终的目的是希望幼儿能够逐渐学会自我控制，自我管理自己的行为，从外部动机转为内部动机。所以，代币制最终面临的一个问题就是要向自然状态过渡，要让幼儿能够在得不到代币和强化物的情况下维持已经建立的良性行为。过渡的方法有：延长目标行为与代币发放之间的时间，即不在目标行为后立即发放代币，而是推迟一段时间；减少目标行为可以换取代币的数量，比如一天坚持不看iPad，以前可以得2个代币，现在变成得1个代币等；逐步将控制权转移给幼儿本人，比如，让幼儿自己记录自己的行为，让幼儿提出哪些行为自己已经很熟练不需要参与代币制，等等。

5. 系统脱敏法

系统脱敏疗法是一种逐步去除不良条件性情绪反应的技术，它主要用于治疗各种焦虑或恐惧症状，例如，害怕某些动物、考试焦虑、社交恐惧、广场恐惧等。它通过使当事幼儿在放松状态下接触（实际的或想象的）恐惧对象来克服焦虑和恐惧。

系统脱敏法的具体治疗过程包括三个步骤：建立焦虑或恐惧等级表、放松训练、实施脱敏。

建立焦虑或恐惧等级表是系统脱敏的第一个阶段，治疗者要收集引发幼儿焦虑或恐惧情绪的刺激资料，并且按照由弱到强的顺序依次排列。也就是了解幼儿焦虑或恐惧的东西有哪些，或者在哪些情境下幼儿会产生焦虑和恐惧，然后把引起幼儿最弱的焦虑或恐惧情绪的刺激排在最前面，把引起幼儿最强的情绪的刺激放在最后面。

放松训练是系统脱敏的第二个阶段，就是通过各种方式让幼儿达到放松状态，因为系统脱敏利用的是放松状态对焦虑状态的抑制作用。放松训练的方式有很多，较常用的专业方法是渐进性肌肉松弛法，也就是通过循序渐进地放松一组接一组的肌肉群，达到最终全身放松的效果。这种方法临床用得较多，在日常生活中不用这么严格，可以根据幼儿的具体情况采取适合幼儿的方式（比如，和最亲密的人在一起、拿着最喜爱的玩具等），只要能让幼儿情绪平缓、达到放松状态就可以。

实施脱敏是系统脱敏的最后一个阶段，脱敏的过程大体分为两种：一种叫现实脱敏，是让幼儿处于焦虑或恐惧等级表中列出的真实情境中，然后实施脱敏；另一种叫想象脱敏，是让幼儿想象自己经历等级表中的情境，然后实施脱敏。

案例：男孩，3岁5个月，过去的10个月与父母分开，由祖父母抚养，由于严重缺乏与其他同龄儿童交往的机会，导致社交能力不足，产生社交挫折感，引起社交中的负面情绪。久而久之，形成一种紧张、不安的心理状态，对社会交往活动产生恐惧感。被父母接回家中后，不愿出去和同龄幼儿玩耍，宁愿待在家里听父母讲故事或者自己画画、看动画片。如果强行带他出去和其他幼儿交往，他会表现出强烈的反抗情绪，甚至哭闹着反对。不主动跟别人打招呼，在路上遇到其他幼儿时表现为退让回避。其他儿童抢其玩具时不知所措，往往任人抢去而没有任何反抗行为。早上去幼儿园时，从不跟老师打招呼；吃早餐时，想再添加馒头，但是不敢主动向老师要求，只有当老师询问其是否需要时才点头答应。在幼儿进行集体活动时表现被动，从不回答老师提出的问题，基本不和其他幼儿交流。被诊断为儿童社交恐惧症。

确立恐惧等级：因该幼儿年龄较小，无法主动报告恐惧数值，故并未列出，只是把幼儿认为恐怖的事件按照他认为的从轻微到严重的程度进行排列：

等 级	项 目
1	在父母的陪同下远远地看见其他同龄儿童
2	在父母的陪同下在同龄儿童附近
3	在父母的陪同下与同龄儿童说话
4	在父母的陪同下与同龄儿童一起做游戏
5	在父母的陪同下与同龄儿童发生矛盾
6	独自与同龄儿童交往

放松训练：考虑到该幼儿的年龄因素，父母并未刻意教授幼儿放松训练的技巧，而是不断用缓和的语言和长期的实际行动告诉孩子："因为你是我们的孩子，所以我们是最爱你的。"帮助孩子强化这样的心理：不管他怎么做，也不管他做了什么，父母对他的爱始终不会改变。通过这种言语强化，让幼儿感受到父母无时无刻的关怀和爱护，增强幼儿对父母的信任感和他的安全感。最终达到让孩子觉得只要父母在身边，恐惧就会降低，也就自然达到放松了。

实施脱敏：在幼儿放松的情况下，按某一恐怖或焦虑的等级层次进行脱敏治疗。矫正时间主要安排在晚上7：00—9：30。父母每天晚上以散步或买东西为借口，带幼儿到其他同龄儿童喜爱去的场所，在那里实施现场脱敏（依据上面的恐怖等级表）。

（1）在父母的陪同下远远地看见其他同龄儿童。当远远地看见其他儿童时，幼儿立刻表现出紧张（紧紧抓住父母的手），其他儿童过来邀请幼儿一起去游戏时，幼儿不予答复。父母就代替幼儿婉言谢绝其他儿童的邀请。幼儿要求离开此处，父母以请幼儿在此处吃东西或讲故事为由挽留幼儿。由于幼儿对父母已经形成较强的安全感，故可以比较紧张地停留在此处和父母一起吃东西或听父母讲故事。大约15天后，幼儿已经可以在远离其他儿童的地方轻松地与父母游戏了。

（2）在父母的陪同下在同龄儿童附近。当第一阶段的训练结束后，父母带着幼儿慢慢地向其他儿童活动的中心地带接近。由于此前其他儿童经常邀请幼儿一同游戏，但遭到父母的委婉谢绝，其他儿童已经不再邀请幼儿游戏并几乎忽视他的存在了，所以当幼儿不断向他们接近时，并没有引起其他儿童的注意和反应。父母劝说幼儿勇敢地向其他儿童去借他们的玩具，但是幼儿以不喜欢玩具为由拒绝上前。在父母的不断鼓励下，终于能够和父母一起向其他孩子借玩具，但仍然不开口与其他孩子交流，只是让父母帮助自己

开口借玩具。此阶段大约持续了40天。（幼儿向其他儿童接近的过程非常缓慢，期间还有反复）

（3）在父母的陪同下与同龄儿童说话。当幼儿能够和父母一起向其他孩子借玩具之后，父母开始教幼儿学会如何与其他儿童交流。先学两句话：一句是借玩具时说的："能把你的玩具借给我玩吗？"一句是还玩具时说的："谢谢！"幼儿最初只是在父母的示范下在还玩具时说"谢谢"，其他孩子往往会回答道："不用谢。"此刻父母及时用言语向幼儿强化一个观念："其他小朋友都很喜欢你，都愿意跟你玩。"以帮助幼儿渐渐消除紧张。大约持续20天，幼儿终于能在父母的提示之下说这两句话了。

（4）在父母的陪同下与同龄儿童一起做游戏。幼儿已经可以在父母的帮助下与其他孩子接近，但是仍然表现为不敢与其他儿童交谈，更不敢与其他儿童游戏。不过此时他已经可以在周围安静地观察其他孩子的活动和游戏了。为了制造幼儿与其他儿童接近的机会，每次晚上出去时，父母总是让幼儿带上一些零食或是玩具给他们玩，以此创造机会，让幼儿与其他的儿童交往。起初，当其他孩子要吃零食或是借玩具时，幼儿总是默不作声地把零食或玩具给别人，既不表现高兴也不拒绝，而且也不去和其他幼儿一起玩自己的玩具。这样大约持续了20天，在此期间，父母一直和蔼地鼓励和表扬幼儿。终于有一天晚上，幼儿的行为有了细微的进步：幼儿带了个遥控汽车并借给其他儿童玩，其他孩子不太会操作。这时父母鼓励幼儿上前去教他们玩。在父母的陪伴下，幼儿走过去，用动作示意如何操作，做完后迅速离开，父母立刻给予表扬。以后每次出来，幼儿都能够在父母的陪同下给其他幼儿示范如何操作玩具。在此期间，与其他孩子的简单交流也慢慢增加。这一过程大约持续了30天。

（5）在父母的陪同下与其他儿童发生矛盾。在父母的陪伴下，幼儿已经可以和他熟悉的伙伴玩耍并简单交流，其他儿童对他也渐渐有了好感，有时候主动到他家里找他玩了。但是幼儿对其他儿童的意见和行为总是表现为接受，不敢表现出反对或拒绝。当幼儿想玩自己的玩具时，总是跟父母说想回家，其实是希望父母帮自己把玩具拿回来。此时父母就陪同幼儿把玩具要回来，当其他孩子说"谢谢"时，引导幼儿说"不用谢"。父母不断教育幼儿要保护好自己的玩具，自己的东西想借给别人就借，不想借给别人就可以不借，试图加强幼儿的自我保护意识。最初幼儿不敢拒绝向其他孩子要回自己的玩具，总找借口说自己不喜欢自己的玩具。经过父母的鼓励和引导，终于敢在父母的陪同下向其他儿童索要自己的玩具了。此阶段大约耗时50天。

（6）独自与同龄儿童交往。此阶段幼儿的行为有了很大的变化：敢于在父母的陪伴下与其他同龄儿童一起交谈、做游戏。父母的参与程度不断降低：在其他孩子的游戏带动下，幼儿慢慢地离父母越来越远。不过，每过一小会儿，幼儿就会来到父母身边，看看父母是否等着自己。父母耐心地告诉幼儿："爸爸妈妈总是会等着你的。"大约经过20天，幼儿在玩耍的时候基本可以不再主动回来找父母，而是父母在准备回家的时候去找幼儿。

（案例来源：姚鲲鹏、赵翠英，2006）

分析：这个案例展示了在日常生活中运用系统脱敏法的一个比较完整的过程。系统脱敏法最关键的步骤是建立有层次差异的焦虑或恐惧等级表，并找准让幼儿放松的有效方法。在日常生活中，以幼儿不易察觉的方式矫正其行为问题，不仅对幼儿的心理伤害小，而且也容易让幼儿处于放松状态，所以，可以说父母是最适宜的干预者。但是，需要注意的是，一方面，在日常生活中运用系统脱敏法可以不需要严格的程序，却一定要抓住关键步骤。也就是说，建立的焦虑或恐惧等级表必须具有代表性和层次差异，放松训练必须符合幼儿的实际情况；对于普通家长和教师来讲，后者可能好操作点，前者如果有专业人员的引导效果会更好。另一方面，对幼儿要有耐心。系统脱敏是一个连续反复的过程，不可能一蹴而就，中间还会受幼儿的个性特点、外界环境的影响，进度也会有差异，所以，实施者一定要有耐心，否则，很容易前功尽弃。

6. 示范模仿疗法

示范模仿疗法又称为榜样法，是基于观察学习的原理提出的，即个体通过观察榜样的示范行为，进而导致个体增加或获得良好行为，减少或消除不良行为的一种行为治疗方法。示范模仿疗法的作用主要体现在减少不适应性行为、增加适应性行为和获得新的适应性行为三个方面。示范模仿疗法的实施过程分为行为示范、行为获得和行为表现阶段三个阶段。

第一个阶段是行为示范阶段，是根据治疗计划呈现不同的示范，包括符号性示范（电影、电视、文字材料等）、现场示范（真实环境中的真人示范）、参与性示范（幼儿参与其中，边看边做）及想象示范（借助幼儿自己的想象来仿效示范者的行为）等。在这个过程中，尽可能多地给幼儿提供多种形式的榜样，可以促进治疗效果的产生。

第二个阶段是行为获得阶段，是幼儿对示范的行为和相应的内容进行加工，并将其储存在头脑中。对于比较复杂的行为，幼儿往往需要适当的练习，真正掌握该行为，并准备在必要的时候表现出来。

第三个阶段是行为表现阶段，是幼儿自主地表现已经获得的行为。治疗者在此过程中应对幼儿进行适当的强化，以巩固幼儿的行为。

案例：有个女孩3岁，对动物具有莫名的恐惧，不会去她认为可能有动物出现的任何地方；当她看见猫、狗等小动物的时候，会全身颤抖、缩成一团。治疗者教女孩的母亲用现场示范进行示范模仿疗法，取得了良好的效果。开始时，母亲示范轻拍和拥抱玩具动物的行为，然后鼓励女孩也同样去接触这些玩具动物，并当女孩照做的时候给予表扬。在进行了一段时间的训练后，引进真实的猫和狗。首先，母亲示范如何靠近和触摸这些真实的动物，然后鼓励女孩走过去尝试同样的行为，并对她的良好行为进行强化。接着母亲示范如何轻拍和拥抱这些真实的动物，同样鼓励女孩模仿所示范的行为，并对她的模仿行为给予鼓励。经过一段时间的训练，女孩对猫和狗的恐惧感都大大降低了。一年后的追踪发现，效果稳定。

（案例来源：朱婷婷，2010）

　　分析：该案例是运用现场示范来进行的示范模仿疗法。行为示范是对幼儿进行示范模仿疗法的第一步。正如前面所述，行为示范的内容和形式多种多样，可以是真人的现场示范，也可以是展示示范内容的电影、电视、照片、卡通片等，甚至可以是幼儿自己的想象；在示范的过程中，幼儿可以是单纯地观察，也可以参与其中，边观察示范边模仿。在实际应用中，示范模仿疗法常常与传统的强化、惩罚、系统脱敏等行为治疗技术结合使用。

7. 游戏治疗法

　　游戏治疗就是利用游戏的手段来矫正儿童心理行为异常的一种治疗方法。其基本理论认为，游戏是儿童天然而重要的活动，是他们认识世界和自己的重要途径。由于孩子们不能准确地用语言表达自己，因此游戏成为他们表达内心感受，疏导内心困惑、悲愤、抑郁等心理问题的手段。正如成人的心理治疗主要通过语言为媒体那样，儿童心理治疗是通过游戏来实现的。在游戏治疗中，游戏本身不是治疗的目的，而仅仅是治疗的一种手段或方式，强调的是以游戏作为沟通媒介。

游戏治疗主要有三种基本模式：集中性游戏治疗、非指导性游戏治疗和协作性游戏治疗。集中性游戏治疗具有指导性，也称结构式游戏治疗，是针对不同心理问题主动地、有目的地设计游戏方案。在治疗过程中，治疗师要善于指导和发掘儿童的潜力，通常是安排一个与儿童心理矛盾有冲突的情境，在游戏治疗的过程中想办法把儿童内在压抑的感受和想法投射出来。非指导性游戏治疗，也称儿童为中心游戏治疗，是以儿童来访者为中心，治疗师构建安全、宽容、自由、平等、尊重的游戏氛围，对来访者给予无条件的尊重、积极的关注和反馈，深信儿童有自我发展的能力。在该游戏治疗过程中，无须事先设计游戏方案，而是儿童自己安排治疗过程的游戏活动。协作性游戏治疗是通过相互建构，儿童和治疗师形成共同合作关系。

　　总体来说，游戏治疗法对矫治者和治疗环境的要求比较高，专业性较强。比如，矫治者要经过专业培训，与来访的幼儿和家长都要建立良好的关系；有比较专业的游戏治疗室，给幼儿提供私密、安全的治疗空间；要配备经过选择的玩具和材料等。普通教师和家长一般很难独立实施游戏治疗，而只能是配合治疗师进行。

　　案例：幼儿×××，男，1995年9月22日出生。于1998年4月在其所在的幼儿园小班被我们发现。主要表现如下：对周围的事物反应淡漠，兴趣狭窄，不与别人玩耍，不喜欢玩玩具；对家庭装修用的电动工具却很精通，能自己装、拆儿童三轮车；对成人的问话不能理解，只能简单重复；记忆力好，对电话号码、电视广告语等能熟练记忆；脾气暴躁，经常发脾气，用咬人、踢人等来伤害他人，不能适应正常的集体生活；老师反映他行为刻板，在语言、交往等方面有问题，动作发展不协调；家长也意识到自己的孩子与别人的孩子不一样，经常看旋转的东西发呆，喜欢坐固定的座位，并要求家人坐固定的座位、穿固定的拖鞋，拒绝环境的变化及一切新东西，表现出强烈的念旧情怀；母亲怀孕期间无特殊不良史，除对环境不熟悉、营养欠佳、被动吸烟严重外，一切正常；父亲年幼时性格内向、孤僻（现已改变），无家族性疾病史；患儿系足月顺产，发育基本正常，一岁半走路、两岁开始说话，语言发育欠清晰；一到两岁期间几乎完全由祖父母抚养，缺乏母爱，身体素质差，经常感冒、发烧。家长曾带其去心理中心测查，脑电图及头颅CT检查正常，智力测验正常，1998年被诊断为孤独症。

根据对患儿基本情况的分析，我们决定采用人本主义游戏治疗的方法，来帮助他将内心的问题及焦虑发泄出来，达到解决问题的目的。在开始进行游戏治疗之前，我们对患儿进行了家访，让家长了解游戏治疗的基本思想及基本做法，也请家长在游戏治疗中正视儿童的问题并接受儿童的行为表现，与治疗者保持联系，将儿童的问题及表现及时反馈给治疗者。我们选择在南京师大教育科学院玩具研究室进行治疗，室内备有各种类型的玩具，其中包括一部分历史久远的古老玩具。为了便于儿童充分自由地玩耍，专门准备了玩沙和玩水的区域。把游戏治疗室的使用权交给儿童，每次使用后都保持原样，不要求玩具摆放得整洁，这样才有利于患儿在游戏治疗中把自身的问题毫无顾忌地表现出来。在与幼儿建立了良好关系的基础上，从1999年9月9日开始到1999年12月8日，共进行了八次游戏治疗，每周一次（其中除去患儿生病两次而耽误的三次时间），每次40分钟，患儿由班主任带来。第一次对治疗室感到陌生、好奇，身体和眼神都不离开成人，对玩具表现出无所谓的态度，约15分钟后，开始放松并触摸玩具，对玻璃制的玩具比较关注。第二次开始在室内走动，把玩具柜的门打开，并长时间玩弄门锁，对玻璃制的玩具仍感兴趣，特别喜欢一个形似葫芦的、内装紫色水、透明的玻璃小娃娃，并把所有玻璃瓶做的娃娃玩具都拿出来放在桌上，将玻璃娃娃的身体（小玻璃瓶）与头（各种塑料头饰）分开；对用水浇沙、用网筛沙、漏沙等动作持续了很长时间。第三次来时，出现了用沙埋玻璃娃娃的动作，把玻璃娃娃捏在手里往沙砾里转，试图转得越深越好，直到用沙把玻璃娃娃埋得看不见为止。第四次来时，能对玩具进行归类，出现简单的模仿行为及假想的游戏情节，对自己的行为有意识，能关心熟悉的人。第五次来时，能长时间地玩一件玩具，并主动与陌生人交往。第六次来时，把埋在沙里的玻璃娃娃挖出来，再埋进去，并说："变没了。"问他最喜欢什么玩具，回答："小人人。"即玻璃娃娃。第七次来时，继续挖、埋玻璃娃娃，最后一次埋进去后，再也没有挖出来，问他，答："变没了。"他开始玩新玩具，离结束时间还有六分钟时，他关掉了所有玩具柜的门，表示不想玩了，但由于时间未到，他坚持在室内闲转至结束。第八次来时，进来不到一分钟，就往外跑，10分钟后主动回来，开始玩玩具，但时间都不长，问他"小人人要不要挖出来？"他回答："变掉了，变成沙子了。"再问："你是不是再也不想见到它了？"他点头道："是。"并把他第一次拿出来的玻璃片玩具扔在地上，用脚狠狠地踩碎，问他："为什么？"他说："不要玩了。"最后，我们说："时间到了，下次再玩吧！"他说："下次不玩了，不想来了。"通过三个多月的游戏治疗，教师及家长都反映该儿童有很大变化。他不仅对玩具发生了浓厚的兴趣，而且能与同伴一起游戏；对老师提出的要求，能主动遵守并主动地向父母讲起，这是以前从来也没有过的；能主动与人交往，能意识到自己的言行所带来的后果；语言、动作发展都比以前好多了。

（案例来源：邱学青，2001）

分析：游戏治疗法从其产生到现在经历了精神分析游戏治疗、结构主义游戏治疗和人本主义游戏治疗三个主要发展阶段。本案例中治疗者在综合分析的基础上采用了人本主义游戏治疗法。人本主义游戏治疗法强调为幼儿创设一个宽松、自然、平等、尊重的环境，让幼儿在游戏中感觉自己是安全的、平等的、自由的，在情绪上是松弛的，具有良好、愉快的心境，以使幼儿通过自由的游戏，自然地表达情感，将内心存在的问题通过"玩"暴露出来，使紧张、焦虑、恐怖及不满等消极情绪体验得到充分的表达和发泄，使健康的情绪在身心放松的状态下发展起来，帮助他们打破自我封闭的坚壳，从而建立起新的情感交往模式，有效提高幼儿与周围环境交互作用的兴趣和愿望。游戏治疗也弥补了幼儿语言表达能力的限制，为情绪障碍幼儿提供了充分活动和自由练习的机会。

第四章　案例与分析

前面介绍了一些比较常用的幼儿行为问题应对方法与矫治技术，每一种矫治技术后面都附上了一个案例，以便大家对相应技术的实施与应用有更深刻的理解。下面将针对幼儿在日常生活中出现的一些典型行为问题来做具体的分析。幼儿的任何一个行为问题都可能有多种原因，也可能需要采取多种方法和技术，因此，以下的案例分析是采取从某一典型行为问题出发，探索其可能的原因并尝试适用的方法的形式。案例中的典型行为问题都是幼儿在家里或托幼机构中经常表现出来的，在大多数情况下，发现幼儿这些行为问题的都是家长或教师，所以，在分析和应对时，我们的侧重点不是临床治疗，而是在日常生活中怎么来处理，希望体现心理与教育的结合、预防与干预的结合、发展与补偿的结合。

一、 恋物癖

恋物癖主要表现为对某一物品有着强烈的情感依恋。这一物品的范围很广泛，可能是幼儿喜欢的布娃娃、小汽车等玩具，也可能是幼儿用的小枕头、小毛毯等生活用品，还可能是幼儿喜欢的其他任何东西。幼儿对这一物品的依恋也有各种表现，有的是时时刻刻都必须拿着它，有的是睡觉时必须拿着它，也有的是出去玩时必须拿着它，等等。

　　豆豆从一岁左右就表现出对他盖的小布毯子有明显依恋。睡觉时要搂着小布毯睡，睡觉过程中惊醒或睡得不踏实时，闭着眼睛把小布毯扯到脸边就能满意地接着睡，如果这时小布毯不在身边，他就会比较烦躁甚至哭闹起来；平时玩的时候，也会玩一会儿就去找小布毯，捧着小布毯闻一闻，然后继续玩；外出旅游时必须带着小布毯，有一次在外面住酒店，父母忘了带小布毯，晚上他一直睡不好，闹腾了几乎一晚上。一直到3岁上幼儿园时，他对小布毯的依恋不减。父母曾经尝试用多种办法想让他忘掉小布毯，但都没有成功。刚上幼儿园时，他要求带着小布毯去幼儿园，午睡时还要搂着小布毯睡觉。后来，老师提出要求，小朋友从家里带来的东西只能放在小柜子里，不能带到活动室和睡眠室。于是他逐渐只是把小布毯带到幼儿园，午睡时不吵着要，据老师说，最初睡得有些不踏实，但后来就好了，有时候说睡不着，但说一会儿很快就睡着了。然而，在家里睡觉时还是必须搂着小布毯睡。父母经常给他讲上幼儿园的小朋友长大了，不应该再用小布毯了，他能明白道理，但做起来还比较难，一般只是在晚上睡觉时要小布毯，其他时间基本不要了。这样持续到4岁左右。一次外出旅游时，在酒店和其他小朋友玩得很累，没要小布毯就自己睡着了。以前父母会把小布毯放在他枕边，以防他中间醒来会要，这次父母尝试着没把小布毯拿出来，结果一个晚上他都没要小布毯。后来回家连着几个晚上睡觉时也没要小布毯，中间有点反复，想起来会问父母小布毯在哪儿，父母告诉他把小布毯收起来了，他也没再继续要，之后就脱离了对小布毯的依恋。

（二）　分析

　　豆豆的例子是恋物癖的一个典型案例，在日常生活中，恋物癖很常见，只是幼儿依恋的物品可能不尽相同。豆豆是依恋家里的小布毯，有的幼儿可能是依恋某一个布娃娃、某一只玩具熊、某一辆玩具小汽车，也有的幼儿可能依恋的物品特殊一点，比如某人（爸爸、妈妈等）的耳朵、脚丫子、袜子、鞋等。在恋物癖中，幼儿依恋的对象可能不一样，但基本的表现是差不多的，即用某一物品来安慰自己的情绪、情感。

　　恋物癖产生的原因比较复杂，目前还没有一个统一的研究结论，但研究者基本达成共识的是，幼儿对某一物品产生了依恋，这种依恋只是幼儿对重要他人的依恋的临时性替代。也就是说，按照依恋理论，幼儿一般是与和他关系亲密的抚养人（如妈妈、爸爸、奶奶、爷爷等）有强烈的情感联系，表现为与依恋对象特别亲近，不愿离去，依恋对象在旁边时更有安全感等。比如，有妈妈陪着，才愿意睡觉；或在陌生的环境中游戏，看不见妈妈会哭闹、闷闷不乐等。但是，因为某些原因，幼儿对亲密抚养人的依恋得不到充分满足，所以就把这种依恋转移到某一物品上面，形成了我们所说的恋物癖。

（三）　应对

　　在对待幼儿的恋物癖时，有两个问题需要特别注意：一定要认识到幼儿的恋物癖是部分幼儿发展一定阶段的产物。也就是说，表现出恋物癖的只是一部分幼儿，而且这部分幼儿的恋物癖一般只是在某一个阶段出现，它并不是出生就有的，也不会持续人的一生。幼儿恋物癖持续的时间存在个别差异，有的会在6岁以前消失，有的是在进入小学后逐渐消失，还有少量的是会延续到青年期或成人期。二是不能简单、粗暴地剥夺幼儿依恋的物品。幼儿对某一物品的依恋是暂时性地替代了对亲密抚养人的依恋，简单、粗暴地剥夺幼儿依恋的物品，就好比突然让幼儿与他喜爱的父母分开一样，这对幼儿的情绪、情感会造成极大的伤害，从而影响他其他各方面的健康发展。所以，即使是幼儿依恋的物品比较特殊，也不能强制性地加以剥夺。

具体来讲，可以尝试这样一些做法来应对幼儿的恋物癖：

1. 巩固重要他人与幼儿之间的依恋，为幼儿营造充满爱与信任的生活环境

恋物癖产生的一个重要原因就是对重要他人的依恋得不到充分满足，所以，巩固重要他人与幼儿之间的依恋是基本前提。

2. 从心理和行为上完全接受幼儿的恋物癖

即使是幼儿依恋的物品比较特殊，比如脚丫、鞋子之类，家长也要完全接受。幼儿形成恋物癖肯定是有原因的，而且更多的是外部原因；既然形成了，也不可能在短时间内消失。成人只有理解和接受幼儿的恋物癖，才能更好地解决问题。

3. 任何时候都不要简单、粗暴地强迫幼儿离开依恋物品

简单、粗暴地剥夺幼儿的依恋物品，只会伤害幼儿的情绪、情感，增加他们的恐惧感、不信任感和不安全感，对问题的解决没有任何益处。

4. 抓住幼儿生活中的重要事件、重要环境变化等契机，循序渐进地减弱幼儿对物品的依恋

接受幼儿的恋物癖和不简单、粗暴地剥夺幼儿的依恋物品并不是意味着不管，在应对幼儿的恋物癖时，成人要做好打持久战的准备。成人要向幼儿明确表达自己的态度：我尊重你、理解你，但也希望你不要总拿着某某物品。在日常生活中，成人要善于抓住一切可以利用的机会，慢慢引导幼儿减弱、脱离对物品的依恋。比如，幼儿喜欢看某个动画片或某个少儿节目、喜欢听某个故事等，成人则可以尝试用幼儿喜欢的角色或人物来引导幼儿：某某都没有拿着某物品，是不是他不喜欢啊？要不我们（现在）也别拿着了？可以先让幼儿在看节目或听故事的时候不拿着依恋物品，然后再引导幼儿在其他时间也不拿着依恋物品，逐渐过渡。再如，当几个家庭一起外出旅游度假时，因为环境的改变以及幼儿与小伙伴玩得比较尽兴，他对依恋物品的注意力可能会暂时减弱，成人应该在幼儿没有强烈要求依恋物品时把物品藏好，杜绝任何让幼儿想起依恋物品的线索和暗示，温和地拒绝幼儿习惯性的、不强烈的要求。当幼儿开始上幼儿园并逐渐习惯幼儿园生活的时候，和老师配合，先让幼儿在幼儿园时不拿、不带依恋物品，再逐渐过渡到要求幼儿在家里也不拿依恋物品。

5. 适当运用强化和代币制等方法

当幼儿愿意尝试离开依恋物品时，一定要及时强化以帮助幼儿逐渐坚定决心，也可以采取代币制的方法增强幼儿自我控制的能力，从而逐渐摆脱依恋的物品。

二、吃手

（一）案例

　　案例：贝贝马上4岁了，还喜欢吮吸大拇指，无聊的时候、玩的时候及睡觉的时候，都会把大拇指放到嘴里吮吸。贝贝是在一岁半左右开始吃小手的，家长当时没怎么管，想管的时候却管不了了。直到上幼儿园时，贝贝还喜欢吮吸大拇指，老师和家长给他讲了各种道理都没用；家长着急了，给她手上涂苦黄莲汁、辣椒水，她开始很难受，被苦（辣）得大哭，但还是会吃手，等汁水味道弱了，吮吸的频率丝毫没有减少；再发展到她吃一下手指头，家长就打她手一下，但一番哭闹折腾之后，继续吃手。眼瞅着快4岁了，大拇指已经被吃出了茧子，而且门牙也因为吃手有些外翘了，家长很苦恼。

（二）分析

　　幼儿吃手问题是困扰教师和家长的一个常见问题。尤其是对家长来说，看见自己的孩子成天啃着手指头，既担心孩子的卫生和牙齿健康，又深感面子上过不去，所以在对待时更容易急躁、粗暴。幼儿吃手的表现不尽相同，有的喜欢把大拇指放进嘴里，像吃奶瓶一样吮吸；有的喜欢咬大拇指或其他指头的指甲；还有的干脆把所有指头都放进嘴里含着，或轻轻啃咬；等等。

幼儿之所以会吃手，排除掉我们这里不讨论的神经和心理疾病外，主要有三个方面的原因：

1. 幼儿吃手是生长发展的需要

幼儿在出生后的头两年，主要是通过口来探索外部世界的，不管什么东西，他都会往嘴里放，用口腔触觉、味觉等来了解物体的性质。由于这一时期，尤其是在一岁以前，他的自我意识还比较弱，还没认识到手、脚是自己身体的一部分，所以对它们特别感兴趣，成人经常会看到，幼儿非常专注地、津津有味地吮吸或啃咬自己的手或脚。随着幼儿肌肉和各种协调能力的发展，幼儿探索世界的主要工具由口转变为手，但口部还是其重要的辅助工具，幼儿会把物品摆弄一番后再放进嘴里"检验"一下，也可能会顺便检验一下。因此，在幼儿发展的这一阶段，幼儿吃手问题不需要成人去过多担忧和干预，成人应该允许和创造条件让幼儿用自己的方式去充分探索、了解世界。

2. 幼儿吃手是习惯性行为

幼儿吃手和探索自己的身体与外部世界没有什么关系了，而是当幼儿无事可做时，他们通过吃手来打发时间，时间长了就形成了习惯，经常性地、无意识地吃手。由于这一原因吃手的主要表现是，幼儿在无聊的时候吃手频繁，如果成人制止或禁止他吃手，幼儿不会表现出太大的情绪波动，过一会儿照吃不误。对于这类吃手行为，成人应该毫不犹豫地进行干预。

3. 手成为幼儿的依恋物

也就是说，幼儿通过吃手来获得情感上的慰藉，手的功能如同安抚奶嘴一样，幼儿吮吸或啃咬手会获得情绪情感的满足感，情节严重的，就表现为我们前面提到的恋物癖。因为依恋吃手和因为习惯吃手相比较，幼儿表现上的一个重要差别是，幼儿不是在无聊和无事可做时吃手，而是在比较紧张、焦虑、害怕以及睡觉时吃手。当幼儿处于比较陌生的环境中、看到陌生的人，以及被老师或其他敬畏的人提问题的时候等，幼儿吃手的频率会显著增加；睡觉之前以及睡得不踏实的时候，幼儿吃手的频率也很高。对于幼儿的这类吃手行为，成人在干预时则应该慎重对待。

以上对幼儿吃手行为的三类常见原因和表现做了较为详细的分析，实际上，幼儿表现出的吃手问题往往可能不是由单一原因引起的，而更可能是由两个或多个原因共同引起的。比如，幼儿两岁前的吃手行为可能是由第一个和第三个原因共同引起的，而2~3岁后的吃手行为则可能是由第二个和第三个原因共同引起的。所以，在应对幼儿的吃手行为时，我们得结合他们的年龄和表现来具体分析其形成原因，从而使我们的应对能更有针对性而且对幼儿没有伤害。

（三）　应对

针对贝贝的案例，贝贝快4岁了还吃手，肯定已经过了通过口来探索世界的年龄，所以，分析的重点应该放在第二个和第三个原因上面，这就需要全面、仔细地观察贝贝的行为及发生背景。从案例的描述来看，贝贝吃手既有习惯性行为的原因（无聊的时候吃手），也有把手当做依恋物的原因（睡觉的时候吃手），所以，在应对时应该针对幼儿的不同表现区别对待，具体来讲，可以这样做：

1. 全面观察幼儿的吃手行为以及行为背景，弄清幼儿吃手的原因

首先要全面观察幼儿的吃手行为以及行为背景，弄清楚幼儿是因为什么

原因吃手，从而进行区别对待。

　　一种情况是，幼儿是在无聊、无事可做或等待时吃手，这时就应该及时阻止和制止。对于年龄较小的、吃手不是特别严重的幼儿，建议采取积极的干预办法，包括转移注意力、及时强化和示范模仿等。比如，幼儿在无事可做时一吃手，教师和家长就立刻递给幼儿一个玩具或者请幼儿做某件事情，让他没有时间吃手，从而转移其对吃手的注意，尽可能地减少他吃手的频率与持续时间。再如，首先向幼儿明确表达希望他不要吃手，如果幼儿在忘记不应该吃手时经过成人的暗示或提醒自己意识到并暂时停止吃手，这时成人就应该及时强化幼儿，表扬他或兑现买玩具之类的承诺。示范模仿就是选择幼儿感兴趣的故事、动画片等，结合里面的角色，教育幼儿不应该吃手。对于年龄较大、吃手比较严重的幼儿，除了上述办法外，还可以辅之以惩罚和代币制等方法。比如，根据幼儿的情况，跟幼儿约定好吃手的惩罚办法，可以是不能看电视、不能玩iPad、不能去哪里玩，等等。在实施惩罚时一定要注意：成人要有耐心，明确改掉幼儿吃手的习惯不是一蹴而就的事情，是一个长期的过程；不能简单、粗暴，更不要夹杂自己的情绪；惩罚物具有个别差异性，必须根据个别幼儿自己的喜好来选择。代币制可以与惩罚同时来进行，成人与幼儿约定好一定的规则，比如，假设幼儿平时是每天吃10次手，成人就可以和幼儿商定吃9次、8次、7次手等时奖励几个代币，用多少代币来换取幼儿喜爱的何种物品等，以帮助幼儿逐渐学会自我控制。具体方法可参加前面的代币制疗法。

　　另一种情况是，幼儿是在紧张、焦虑、害怕以及睡觉前吃手，这时就不能简单地制止。首先，应顾及幼儿的情绪，不强行阻止。因为幼儿面对陌生环境或人时感到不安和恐惧，吃手能安抚他的情绪，让他更有安全感，所以不能简单地强行制止幼儿吃手，更不应该当场责骂、惩罚幼儿。其次，当幼儿吃手时，最好由幼儿比较依恋的成人主动增加与幼儿的身体接触，安抚幼儿的情绪。比如，成人可以搂着幼儿，或者边搂着幼儿边握着幼儿常吃的那只手，安慰、鼓励幼儿，让幼儿尽快适应环境的变化。然后，抓住幼儿园教育活动和生活中的契机，告诉幼儿吃手的坏处，让幼儿逐渐从认识上明确不应该吃手。如果幼儿的吃手问题已经发展成恋物癖了，则可以参考前面应对恋物癖的一些做法。

2. 对幼儿的吃手行为保持理性

幼儿吃手的原因往往是交叉的，成人尤其是家长在应对时应该保持理性。成人应该在仔细观察的基础上采取相应的措施，而不是考虑到面子上过不去、给大人丢脸等其他原因，情绪不能自控地粗暴对幼儿发脾气，强行制止幼儿，这样做不仅适得其反，反而还可能让前面的努力前功尽弃。

3. 做好打持久战的准备

当幼儿的吃手问题越严重时，干预所花的时间也会越长，成人应该做好打持久战的准备。长期的干预应该具有计划性和系统性，不要轻易地中断。而且，幼儿的吃手问题容易反复，所以，即使是在幼儿暂时性地表现出不吃手的行为时，干预还应该持续一段时间；同时，也要做好幼儿重新出现吃手问题的心理与行为准备，因为这确实是一个顽固的问题。

三、怕黑

案例1：文文5岁了，最近一段时间晚上不敢单独睡觉，甚至会因此而哭闹。有几次，父母硬起心肠让她一个人睡觉，她不仅不准关灯，而且即使是天气很热，她也要把头蒙在被子里。父母问她为什么，她说太黑了，害怕。她说晚上开始躺在床上能睡着，但是睡着后很容易惊醒，醒后她就睁着眼睛看着黑暗中的房间，在黑暗中，她看到周围的桌子、椅子和家具都变成了各种各样的人，她很恐惧。为了给自己增加安全感，她只好用被子把头紧紧地蒙住。

案例2：晚饭后，5岁半的江江和爸爸妈妈一起出去散步，天黑了才回家。在回家的路上，爸爸妈妈不想绕道，就准备从白天经常走但现在路灯比较暗的近路回家，江江拽着爸爸妈妈的手不放，非要走路灯明亮的远的那条路。爸爸说："有爸爸妈妈在，怕什么啊，我们走近路吧"江江死活不肯。一家人只好走远路。一路上，在路灯明亮的地方，江江还和爸爸妈妈聊天，但在路灯稍暗的地方，江江则一声不吭，神色有些紧张地贴着爸爸妈妈走。上楼梯的时候，江江特地走到爸爸妈妈中间，也不敢大声说话，直到进到家里，江江才恢复平时活泼的状态。

　　幼儿害怕黑暗是教师和家长在日常生活中经常遇到的一个问题。害怕黑暗也是很多幼儿都会表现出来的一个问题，只是表现的形式可能不大一样：有的幼儿是不敢独自在黑屋子里睡觉，必须开着灯睡，用被子蒙着脸睡；有的幼儿是不敢一个人到一个黑房间里，当他喜欢的一个玩具球从一个开着灯的房间滚到旁边没开灯的房间时，他追到黑房间门口就不敢进去了，即使开着灯的房间有很多人而且大家都能看见他；还有的幼儿是害怕走昏暗、人少的楼梯和小路，不仅一个人不敢走，而且即使是和父母在一起时，刚开始可能还有说有笑的，但一到这种地方，则不敢说话、走路速度也加快，等等。在一些成人看来，幼儿的这些怕黑行为比较可笑或不可理喻，有的成人在应对时，要么不当回事，甚至还拿幼儿害怕的事情来逗幼儿和吓唬幼儿；要么以此嘲笑、责骂幼儿没出息，从而给幼儿带来更深的伤害。正确应对幼儿怕黑的问题，前提是弄清楚幼儿怕黑的原因。

　　怕黑对于幼儿来说是很自然也很正常的现象，幼儿怕黑的原因可以从三个方面来分析：

1. 从成长的角度来看，幼儿怕黑是因为其经验增加了，是发展进步的表现

　　有句俗话叫"无知者无畏"，简单来讲，它的意思是什么都不知道的人也就什么都不会害怕。还有句俗语叫"初生牛犊不怕虎"，刚生下来的小牛因为它没见过老虎，更没有见识过老虎的凶猛，所以根本就不怕老虎。幼儿并不是生来就怕黑的，出生前他们一直安然生活在母亲漆黑的子宫里，出生

后一两年间，他们也很少真正对黑暗恐惧过。有的幼儿睡觉的时候闹着要开灯，并不是和案例中的文文那样是因为怕黑而开灯，而是由于成人用开灯的方式来缓解幼儿的哭闹，从而使幼儿养成开灯睡觉的习惯。幼儿之所以后来怕黑，是因为随着他们的成长，他们听了更多的故事、看了更多的图画和视频、经历了更多的事情、体验了更多的情感，他们对黑暗的认识和理解更加复杂，所以他们开始害怕了。这种害怕从另一个方面来说是幼儿的发展与进步。

2. 从心理发展的角度来看，幼儿怕黑是因为泛灵心理的出现

泛灵心理是皮亚杰提出的，他认为两岁左右的幼儿随着思维的发展会出现这样一种独特的心理现象，即会把所有的事物都视为有生命和有意向的。在这种心理基础上，幼儿会把一切东西视为有生命、有思想感情、有活动能力的东西，比如，他会和他的玩具讲话，甚至吵架；看到拥挤不堪的汽车遇到红灯停了下来，他会无限关切地告诉妈妈："汽车走不动了，他要停下来休息一下。"不小心撞到桌子疼得大哭，如果成人立刻过来挥手责打桌子："都是你不好，把我的宝宝撞疼了。"幼儿则会破涕为笑，还会跟着打桌子。怕黑也正是泛灵心理的表现，在黑暗中，幼儿能隐约看到的家具、装饰（柜子、门、窗帘等）被幼儿想象成各式各样的妖魔鬼怪，幼儿认为这些怪物会把他们抓走或吃掉，所以幼儿在黑暗的环境中会有恐惧感。

3. 从社会影响的角度看，幼儿怕黑和他周围的人与环境有关系

首先，是受父母等重要他人的影响。有的父母（尤其是母亲）胆子比较小，突然遇到自己害怕的事物（虫子、动物等）和情境（雷电、停电等）会一惊一乍的，幼儿看到了会跟着模仿；也有的成人在幼儿淘气、不听话时会逗或者吓幼儿："你再不听话，就把你关到黑屋子里去。""你再这样做，

就叫警察叔叔过来把你抓起来，关到黑房子里去。"这样幼儿就逐渐把黑屋子与自己受到惩罚联系起来，自然会害怕。

其次，是受童话故事、电视节目等的影响。幼儿从书本和电视里对各种妖魔鬼怪、猛兽、巫师、机器人、外星人、坏人等形象逐渐有了深刻的印象，同时，受思维发展特点的限制，他们很难区分现实与虚构，往往把书本、电视中的情节或形象与现实生活混淆，对恐怖的画面内容缺乏分析能力，以为它们是现实生活中真的存在，因而产生不该有的恐惧心理，有时甚至还会产生恐惧幻觉。在很多情况下，他们之所以害怕黑暗，就是认为黑暗中隐藏着或者是黑暗中某些物品的模糊轮廓看起来就像是这些妖魔鬼怪等他们害怕的东西。

（三）　应对

对于幼儿怕黑的问题成人不用太过担忧，因为怕黑是大多数幼儿会体验到的一种心理过程，怕黑是幼儿生活经验丰富、思维发展的产物，是幼儿成长进步的表现。但是，如果处理不当，也会给幼儿带来情绪情感的困扰以及心理的伤害，所以，教师和家长要以积极的心态来慎重对待。

1. 慎重选择幼儿读物和影视节目

对于现实生活中看不见或不常看见的妖魔鬼怪和坏人等形象，幼儿缺乏分析辨别的能力，作品里描绘成什么样的，幼儿就以为是什么样的。所以，教师和家长要为幼儿挑选适合的读物和影视节目，不要让幼儿接触过于恐怖、血腥、暴力、荒谬的形象和内容，以免幼儿把这些形象、场景与现实生活混淆，增加恐惧的来源。

2. 注重教育方式，正确引导幼儿

教师和家长在教育幼儿时应尽量少用或不用责骂、威胁、恐吓的方式，不管是开玩笑还是吓唬，都要杜绝"如果幼儿……就要把幼儿抓走、关进黑屋子"等之类的话语。当幼儿表现出对黑暗、怪物的恐惧时，不要随意嘲笑甚至羞辱幼儿，要理解幼儿的恐惧，虽然幼儿恐惧的事物在成人看来很可笑，但在幼儿的世界里它们就是真实的。教师和家长应该耐心地和幼儿交流，弄清楚他们恐惧的事物并表明保护幼儿、帮助幼儿的立场，与幼儿建立起充分信任的关系，让幼儿在恐惧时能随时寻求到帮助和安慰，精神上有所依靠。

3. 根据幼儿的情况，循序渐进地帮助幼儿

首先，多让幼儿直接参与，通过接触事实让幼儿减弱恐惧。比如，对于怕黑不敢独自睡觉的幼儿，可以领着他在黑屋子里转一转，和幼儿一起辨识屋子里暗乎乎的家具和装饰物；围着床走一走，和幼儿一起把夜里常用的东西放在好拿的地方，这样幼儿就会逐渐明白，房间里没有什么可怕的东西。并且，父母的善意和安详的举止也会消除幼儿的惶恐，稳定他们的情绪。幼儿睡觉时，可以让房门虚掩，这样父母的对话声、电视机里的说话声不仅不会妨碍幼儿入睡，反而会使他产生一种安全感、宁静感。此外，对怕黑问题比较严重的幼儿，可以在他们睡觉时点一盏小夜灯，让他们在中途醒来时看到灯光，以减弱他们的恐惧，等他们适应以后，再慢慢取消夜灯。

其次，可以借故事或者游戏来说明道理。教师和家长可以针对幼儿害怕的事物，用讲故事的形式来引导幼儿，让幼儿明白道理以及乐意模仿故事里他喜欢的角色的行为，勇敢、不怕困难；和幼儿玩捉迷藏的游戏，鼓

励幼儿藏到没人的屋子里或是到没人的屋子里寻找成人，让幼儿在愉快的互动游戏中认识到黑屋子、空屋子也没这么可怕。

再次，扩展知识面，增强幼儿的理解能力。当幼儿理解能力进一步发展的时候，要积极扩展他们的知识，让他们了解自然界的各种事物和现象，了解一定的人际关系，这样，很多事情他们就不会感到意外了。比如打雷、闪电，见的次数多了，知道是怎么回事，也就不足为怪了。如果幼儿的怕黑问题比较顽固，则可以采取系统脱敏法、代币制等办法，分步骤地、系统地来帮助幼儿克服对黑暗的恐惧，具体可参见前面的介绍。

最后，要强调的是，教师和家长对幼儿正常的怕黑恐惧无须太过担忧，但如果幼儿表现出非常严重的问题，比如：无缘无故地恐惧、莫明其妙地害怕，而且害怕的程度比正常幼儿深，并可能伴有心悸、出汗、瞳孔放大、毛发竖立等表现，那就应该去医院和专业机构进行诊治。

四、 不断重复

在与幼儿接触的过程中，很多教师和家长会发现，幼儿在一段时期内很喜欢"重复"地做一件事，重复玩同一个玩具、重复看同一本书、重复听同一个故事、重复问同一个问题，等等。在成人看来，同一件事情反复做会很没有意思，他们也很难理解幼儿的这种行为。

（一） 案例

案例1：森森现在已经4岁8个月了，她老爱问同一个问题，比方前一阵子老是问：妈妈，8楼高还是7楼高？15楼高还是10楼高？妈妈告诉她说8楼比7楼高，15楼比10楼高，可是过一阵子，她又问同样的问题，一天要问十几遍，搞得妈妈有点崩溃。

案例2：馨月从小就很喜欢看书，妈妈给她买了很多书，可她最喜欢的就那么几本，总是翻来覆去地看，每天不断地重复看前一天看过的内容。为什么她不喜欢看妈妈给她买的新书呢？

案例3：毛毛今年2岁了，每天晚上一定要妈妈讲故事才会睡觉，而且喜欢每天都让妈妈讲同一个故事，妈妈很难理解，忍不住抱怨："总是重复一个故事多没意思？"特别是当情绪不佳或精疲力尽时，就想蒙混过关，跳过几个情节，对付过去算了。没想到毛毛很快就发现，叫道："讲错了！"毛毛不仅爱听同一个故事，还总是提同样的问题，妈妈回答了，第二天讲故事时还问。妈妈很烦恼，孩子怎么总喜欢重复做一件事？

（二）　分析

　　在日常生活中，幼儿喜欢重复的事情有很多，比如：扔东西，扔了捡，捡了扔，大人累得够呛，幼儿却乐得呵呵笑；讲故事，要求爸爸妈妈不断讲同一个故事，有时一天晚上要讲上10遍，每次听，幼儿都很专注，好像没听过一样；问问题，到一个新地方，学一个新词，不断反复地问关于新事物的问题，有时候家长会怀疑是不是自己解释得不够好、讲得不明白；爬楼梯，某一天学会爬楼梯了，幼儿便爱上了这件事，不断爬上爬下，刚开始让家人陪着，后来自己玩；堆积木，推倒再堆，堆了再推，听到积木散开的声音，幼儿就哈哈大笑；猜谜语，同一条谜语虽然已经猜过好多次，也早已知道谜底了，但会让父母反复出了，自己再猜，等等。教师和家长有时候很难理解幼儿的行为，认为他们这样做没有任何意义和价值，纯粹是精力过剩、无聊和淘气；同时，幼儿不断重复的行为也让教师和家长感到头疼和无奈，不知道该如何应对。

　　幼儿为什么喜欢重复？幼儿的重复行为有何意义和价值？这是大家都比较关注的一个问题。关于幼儿喜欢重复的原因有这样几个：

1. 重复是幼儿重要的学习方式

　　蒙台梭利说："反复练习是儿童的智力体操。"儿童的感觉、思维、智力、思想的最初发展需要的时间比较多，而且需要多次反复，如果反复进行练习，就会完善儿童的心理感觉过程。这主要有两个原因：一方面，幼儿需要通过重复来学习、记忆和理解事物，而且年龄小的幼儿比年龄大的幼儿更需要通过重复来学习。对于刚出生的幼儿来说，整个世界都是新奇的，幼儿喜欢盯着一个东西反复看，这就是一种典型的重复性学习；幼儿三四个月的时候，他会抓东西了，就会抓了放，放了抓，来感受这个物品，感受手的力量；幼儿6个月左右时，能发现更多事物，比如球是滚动的，他觉得滚动很特别，可能会常扔球；到1~2岁时，很多幼儿喜欢爬楼梯，因为这是与他平时看到的走路不一样的方式，他也想尝试又上又下的感觉；当幼儿再大一些后，他会问很多问题了，会听故事了，他会不断地让你给他念，给他解释，有时一个故事念几十遍，有些深奥的问题可能好多年他都还是会问，这些都是幼儿理解事物和记忆的方式。另一方面，幼儿的重复并不是简单的重复，而是每次都有新的感受和体会。幼儿的认知能力有限，因此只有在不断重复的过程中才能不断发现新的东西。一个最典型的例子就是给幼儿讲故事，成人看故事一般看一遍就不再看了，反复看会让人生厌，但是幼儿不是这样，幼儿是今天听这个故事，明天也听，后天也听，十天半个月他老听这个故事，不让换新的。虽然幼儿反复听的是同一个故事，但他每次吸收的东西却不尽相同：幼儿从故事里吸收的首先是逻辑，其次是情景，然后是准确的概念。所以，看起来幼儿是在反复让成人讲同一个故事，其实他们是在从不同程度上理解这个故事。再比如，幼儿某天摸了一个玻璃瓶，之后他可能会不断地反复地摸呀摸，第一次他是被玻璃瓶新奇的外形吸引了而摸玻璃瓶，后面几次则可能是他想探究玻璃瓶的软硬、粗细、冷暖及光的折射等。如果成人在他们摸玻璃瓶的同时告诉他："这个是玻璃瓶。"那么幼儿在摸玻璃瓶的同时也在慢慢形成一个"玻璃瓶"的概念，当他逐渐形成这个概念的时候，他一边摸玻璃瓶，一边会在头脑里跟着出现"玻璃瓶"概念，把具体和抽象联系起来。因此，幼儿看似是反复摸玻璃瓶的这一行为，实际上反映的是他们对玻璃瓶不同程度的认识。

2. 重复是幼儿认知发展的必然过程

在幼儿的认知发展中会出现一些对于某类活动相对稳定的行为模式或认知结构，这些行为模式表现为在同样或类似的环境中重复进行一系列的动作，也就是皮亚杰所说的图式。简单地说，幼儿之所以会出现一些重复行为，从心理学的角度上来说，是因为他们的认知发展正处于某个水平，在这个发展水平中他们必然存在的一些相对稳定的行为模式决定了他们会产生某些重复性行为。幼儿在其认知发展的过程中会出现不同水平的图式，举例来说，初生婴儿的吃奶行为，是一种本能，出于生理需要，婴儿会经常要求和进行这种活动，形成饿了就要吃的重复行为模式，这就是一种最简单的遗传性图式或反射图式；2岁以内的幼儿处于认知发展的感知运动阶段，他们对事物的认识不能脱离具体的事物和动作，所以当他们不小心把手上的摇铃掉到地上之后，成人每次帮他们捡起来，他们都会又立刻丢下去，乐此不疲，因为他们在通过这一反复的行为探索手、动作、摇铃、声音之间的关系，这是稍微高级一点的图式；随着幼儿活动范围不断扩大，不断接触新鲜的刺激，图式也日益增多和复杂化，图式的发展水平也逐渐提高，比如，有的幼儿喜欢把积木之类的块状物体一块一块地、不厌其烦地平着码起来，有的幼儿则喜欢竖着堆起来，还有的幼儿喜欢把搜集的物品进行分类，等等，这就是水平更为高级的聚集图式。

3. 重复是幼儿表达诉求的一种手段

利用重复来吸引教师和家长的注意、希望成人关注以及试探成人是否无条件地接纳他是幼儿常用的一种方法，比如，教师在班级强调禁止的行为，有的幼儿会反复违反，故意引起教师的关注；在听父母讲故事时总是问同样的问题，有时是对父母是否爱自己的试探，父母回答会让他很满足，父母拒绝回答，他会很气愤等。重复也是幼儿增强自信、自尊的一种方法，比如，有的幼儿一旦学会拼一种拼图，他就可能会只是为了享受他的新本领而一遍又一遍地去拼，重复是他提醒自己能做什么事的方式，还能再享受一遍完成的乐趣。

4. 重复也可能是某些病症的体现

虽然这种情况出现的概率较小，但是也不容忽视，教师和家长要根据幼儿的年龄来比较幼儿的行为，及时发现并请专业机构诊治。比如，关于幼儿反复扔东西的行为，如果是婴儿"不断扔东西，捡了扔，扔了捡"，一般是婴儿在探索物品与动作、声音间的关系，而且这样可以锻炼大肌肉群的发展，很正常；但如果是几岁的幼儿，还不会言语，并且"不断捡了扔，扔了捡"，长时间地做，成人阻止也不停，给其他物品让他玩也不愿意，成人则需要留意是否有自闭症的症状。

（三） 应对

如前所述，幼儿看似简单的重复行为实际上有其复杂的原因，教师和家长不能只是把幼儿的重复行为看成他们固执、无聊、剩余精力的发泄，而是应该根据不同的情况认真对待。具体来说，可以这样来应对。

1. 要有耐心

无论是幼儿想引起成人注意，还是幼儿通过重复来学习，首先成人应该对幼儿的重复行为有足够的耐心，成人只有有耐心，才能理智地分析和对待幼儿的重复行为。如果幼儿是想通过重复来引起成人的注意，成人则应该反思是不是自己最近工作太忙或者情绪不好，对幼儿关爱不够、要求过于严格等；如果幼儿是在重复中学习，成人则应该为幼儿的好学感到欣慰并给予积极的支持。比如，幼儿如果在某个阶段喜欢重复听故事，成人首先要做的是为幼儿挑选高质量的书籍，而且最好是事先读一读，选书时最好选名著、名家翻译的、名家配画的、好出版社出版的，以保证书的逻辑、概念准确和故事情节生动，从而使幼儿每听一次都有收获；其次，成人要平和、认真地回应幼儿的要求，而不能欺骗、忽悠幼儿，不正确的应答会对幼儿造成信息的误导，随意应对幼儿只会让幼儿不停地追问或者是萌生对成人的不信任；最后，当成人确实是不想再讲一遍故事而又不忍心让幼儿遭受被拒绝的挫折时，可以采取一些灵活、积极的办法：

（1）您只需慢慢地、一页页地翻书中图片给幼儿看，对幼儿的问题则简短搭腔，一般情况下，幼儿不久就会失去当下再看的兴头，但可能不会失去明天再读的兴趣。

（2）当您察觉到幼儿想要求再读，可在刚念完书幼儿还没来得及提要求时，赶紧转移他的注意力。

（3）可以反过来给幼儿提问题："你从书上看见了什么？"或请他们自己"念"给你听，把被重复要求的对象转回到幼儿身上，幼儿一般都会自己嘟哝嘟哝、煞有介事般地念起书来，他们可以在一读再读后，自行决定是否结束这次的阅读经验

（4）直接诚恳地告诉幼儿："爸爸（妈妈）累了，现在不想再念。"大人诚实地向孩子坦白自己的想法和情绪，是尊重孩子的一种表现，坦诚不只是一种"美德"，也是一个习惯，幼儿从小获得大人坦诚的对待，就有机会学习坦诚的方法和态度，父母对孩子坦诚，往往会很惊讶地发现，即使是一岁多的幼儿，也常常能尊重你坦诚相告下的决定。

2. 通过转换和提升幼儿的需求来促进幼儿的发展

在适当满足幼儿重复需要的同时，成人可以通过转换和提升幼儿的需求来促进幼儿的发展。成人对幼儿合理的重复行为要耐心地满足，但也有一个度的问题，成人的反复回应可以是不同的层次。比如，幼儿喜欢反复扔东西，成人如果只让幼儿扔两三次就把东西拿走，不让幼儿玩，不仅会破坏幼儿的学习行为，也会引发幼儿情绪上的抗议。其实，成人这时可以考虑换一种方式，既能够让幼儿继续他扔东西的行为，又可以将这一行为进行扩展和提升，还能让回应过程变得更有趣，比方说，成人可以把幼儿扔东西的行为过程游戏化，添加一些情景，也可以换不同的东西让幼儿扔，以便让幼儿认识更多的物品，等等。再如，幼儿喜欢爬楼梯，成人在允许幼儿反复爬的同时，还可以和幼儿一起数数，教幼儿上、下的方位概念，在楼梯上贴一些动物等物品的贴画，等等，这不仅会让成人在回应的过程中不会觉得过于枯燥，而且对幼儿来说也是一种提升和促进。

五、 打人

打人是攻击性行为的一种，也是其中最具代表性、伤害最直接的行为。

大齐3岁了，刚上小班，但个头快赶上大班的孩子了，身体也非常壮实。他有些特强，喜欢别人的玩具，别人不给，他就直接抢，抢不着的话，就开始动手打人，而且不分轻重，逮哪儿打哪儿。他也很讲"义气"，如果和他比较熟、玩得好的小朋友被其他班小朋友欺负，他也会马上动手去帮忙。他还好打抱不平，看到不认识的两个小朋友争抢东西，他会主动去帮他认为有道理的一方抢，如果另一方反抗，他就会马上抬起手打下去。大齐因为喜欢打人，在幼儿园和社区都比较"有名"，父母为此也很头疼，在小区玩的时候，爸爸经常是紧随左右，好及时制止大齐打人的行为；妈妈则认为小朋友的事情应该自己解决，有点放任的态度，有一次大齐打小朋友，妈妈在旁边没有及时制止，惹得被打的小朋友妈妈很生气，厉声斥责了大齐，大齐妈妈也很恼火，两个妈妈还为此吵起架来。

(二) 分析

　　打人是幼儿经常表现出的一种比较典型的攻击性行为，幼儿的打人行为很多属于手段性的攻击，即试图达到某一目的而产生的攻击性行为，它往往表现为争抢玩具，或者在游戏中争抢角色，等等。幼儿的攻击性行为具体表现为模仿性攻击和习惯性攻击。模仿性攻击是幼儿学习社会生活的一种基本形式，幼儿往往会按照电视或电脑中的武打动作进行效仿，对他人进行攻击；而习惯性攻击是有的幼儿多次出现攻击性行为后没有得到有效的矫治，因而养成了某种习惯，攻击行为频频发生。

　　影响幼儿攻击性行为的原因有很多，主要有以下几种：

1. 生理因素

　　幼儿的某些生理特征（如荷尔蒙的分泌、外貌体征、体质、气质等）对攻击性行为的表现有一定的影响。比如那些天生爱热闹的、爱发急的"难带型"婴儿长大后容易产生攻击性行为；那些体格强壮的幼儿更容易产生攻击性行为等。但是生理因素只是次要的。

2. 家庭教育模式因素

　　有研究表明，幼儿的攻击性与家庭教育模式有关，高度攻击性幼儿大多数来自"绝对权威"和"过度溺爱"类型的家庭，这两类家庭的共同特点是对儿童限制失当。"绝对权威"型的父母过于控制幼儿的自主性，易使幼儿产生逆反心理，产生对抗的要求，并常常从父母的言行中学会攻击；"过度溺爱"型父母则完全放弃对幼儿的限制，使幼儿的利己排他行为滋长，一旦他们的某种需要受到限制，就会大哭大闹，以反抗来达到目的，从而导致攻击性行为的产生。所以，家长过分溺爱幼儿、过分要求幼儿、过分放任幼儿都是造成幼儿攻击性行为的重要原因。

3. 环境因素

现代社会，环境因素对幼儿的影响越来越大，包括电视等媒体以及生活中接触的人际交往关系。在电视大众化和媒体节目多样化以后，幼儿用于看电视、电脑的时间逐渐增多，节目中的暴力场面无疑为幼儿提供了攻击样板，使幼儿在不知不觉中模仿学习了攻击性行为；此外，现实生活中看到的成人之间或者同伴之间的打架行为也是幼儿观察学习的来源。

4. 心理因素

有研究者认为，攻击性行为的起因是挫折，当一个人朝着特定的目标前进时，一旦受到阻碍，就会产生挫折感，而这种挫折感在行为上就表现为对人、对物产生攻击性行为。观察学习理论解释了幼儿的模仿性攻击行为的产生。

案例中的大齐，体格强壮、好动，妈妈对其攻击性行为持放任的教养态度，而且从其心理来讲，他对挫折的耐受能力较弱，一遇阻碍或抵抗，就要动手，这些都是我们从案例描述中能看到的原因，可能还有许多其他原因需要我们更深入地了解。

（三）　应对

幼儿的打人等攻击性行为不仅对别人会造成伤害，还会影响自身的成长，心理学家韦斯特进行了14年的追踪研究，发现幼儿期的攻击性行为与成人期的犯罪有密切关系，而且幼儿攻击性水平越高，犯罪的可能性也就越高。面对幼儿的攻击性行为，教师和家长多采取责骂或放任的极端态度来对待，这样不但无助于问题的解决，还会激起幼儿的逆反心理或者是鼓励幼儿的不良行为，所以教师和家长应该尝试一些更有效的方法。具体来讲，包括以下几点：

1. 对幼儿进行认知训练，提高幼儿的认知能力

有研究指出，理解事情原因的能力有助于幼儿正确地知觉情境，是幼儿成功进行同伴交往的前提。一件事的发生总归是有原因的，对原因的正确理解是随后做出适宜反应的前提。从观察中可以发现，不管是攻击性儿童还是非攻击性儿童，当他们认为同伴是故意做出不友好行为时，他们更倾向于报复；当他们认为同伴不是故意做出不友好行为时，则报复很少。也就是说，幼儿对交往对象行为原因的认知决定着随后的行为，因此对幼儿进行认知训练，提高他们的认知能力是非常重要的。

认知训练可以采取小组训练和个别训练相结合的方法。小组训练一般是进行系统的社会技能训练，即训练幼儿在与人交往、在参与社会活动时表现的行为技能（包括交往的技能、倾听交谈的技能、非语言交往技能、辨别和表达自己感情的技能等）；而个别训练则是对个别幼儿进行语言交流技巧训练，提高他们的交往能力，许多拙于与人相处的幼儿都缺乏与其年龄相适应的谈话技巧，他们不能用合适的语言把自己的要求和需要传达给别人，也不能理解别人的要求、需要和想法，因此，教师和家长应该先教给幼儿基本的谈话技巧，帮助幼儿得到社交的门票，从而被他人所接受。

2. 加强对幼儿交往技能的指导

处理幼儿间的矛盾冲突时，教师和家长应使幼儿掌握解决问题的社会技能，并与幼儿社会认知能力的提高、社会情感的丰富和行为习惯的培养结合起来。当幼儿间发生攻击性行为时，教师和家长首先应该让幼儿把注意力从物质争夺上移开，然后向他们提出要解决的问题，例如，"我们要先商量一下怎样才能玩好这个游戏"；接下来，成人可以引导幼儿诉说、倾听彼此的感受和想法，让幼儿在说清楚自己想法的基础上了解他人的想法。而后，成人要帮助幼儿归纳产生攻击性行为的原因，引导幼儿思考解决冲突的方法，当幼儿提出一个建议时，成人要请他们发表看法，引导幼儿选择出双方都同意的策略，通过这一环节，让幼儿懂得：自身愿望要顺利得到满足，就必须考虑他人的需求。最后一步，成人要协助、监督幼儿将解决方案立即付诸实践，这样可以使协商过程和解决结果经过实践的强化而巩固下来，以提高幼儿日后独立协商解决问题的能力。

3. 保持公平与冷静，区别对待幼儿不同动机的攻击性行为

当幼儿之间出现攻击性事件时，教师和家长一定要公平公正、冷静客观地分析幼儿间的矛盾，先了解幼儿产生攻击性行为的原因，对主动攻击行为和被动攻击行为要加以区别对待。对于主动攻击行为，教师和家长应该坚决给予制止和纠正，要让主动攻击者认识到攻击行为所造成的不良后果，认识到只有与同伴建立良好的合作关系，才能被同伴所接纳，从而促使其反思、调整自己的行为；而对于被动攻击性行为，教师应该引导幼儿采取适度、合理、多样化的还击策略。教师应让幼儿知晓，当他人攻击自己时，自己不必被动退缩，对他人攻击行为的有效回击，不仅能阻止其对自己的侵犯，同时也起到了一种自我保护的作用。这种区别对待幼儿不同动机攻击行为的方

法，不仅能让幼儿掌握解决矛盾的方法，而且有利于帮助幼儿积累解决问题的经验，使幼儿认识到成人是公平的，成人对每一位幼儿都持有同等的关爱。

4. 留出时间和空间，为幼儿提供独立解决问题的机会

孩子们在一起玩耍、游戏时，难免会发生攻击性行为。有的教师和家长一见到幼儿之间出现攻击性行为，便立即介入以便平息"风波"，替幼儿处理矛盾，这样不利于培养幼儿的交往能力。当幼儿间发生攻击性行为时，教师和家长应保持冷静，不要急于介入，更不要代替幼儿解决矛盾。教师要为幼儿搭建自主解决矛盾的平台，要为幼儿留出时间和空间，提供自己解决问题的机会。学前儿童的思维主要是具体形象思维，对于他们来说，真切体验带来的结果比抽象的说理更有助于其社会交往能力的提高。这一个过程，也是幼儿学会平衡各种关系、使自身目标与他人愿望相互协调的过程，而不是依靠暴力和强制手段来解决问题。这种自主解决问题的过程，有利于让幼儿学会倾听，使幼儿在满足自身愿望的同时尽量贴近他人的要求。幼儿独立地解决问题后，也会获得极大的成就感和满足感，从中获得的相关经验既丰富又深刻，同时将这种经验成功迁移到其他交往活动中的概率也会大大增加。值得注意的是，教师和家长要把握好一个度，既要让幼儿有时间和空间来独立解决问题，又不能让主动攻击的幼儿感觉到自己的攻击性行为受到默许甚至是鼓励，否则就成为放任了。

5. 转变家庭教育观念，给幼儿正确的引导

有攻击性行为的幼儿之所以在人际交往和解决冲突中更多地运用攻击性的行为方式，不仅是因为其所想到的解决冲突的办法或进行沟通的方法的数量少于一般幼儿，也因为他们所想到的方法普遍带有攻击性倾向，而这就与

他们所受到的家庭教育有很大的关系。比如，有的幼儿性格比较温良，小朋友欺负他，他也不会还击，父母看在眼里比较着急，于是就在家里教他"有人打你，你就打他"之类的话，这样以后遇到冲突与问题时，幼儿就会尝试着动手打人；再如，案例中的大齐，当他打人的时候，身边的父母如果不加以制止与教育，他就不会觉得打人是不对的事情，一旦打人成为一种习惯行为，后面就更难纠正。不管是自己的孩子被打还是自己的孩子打别人，家长都应该清楚地认识到打人这种行为不是解决问题的合适方式，是不应该提倡和鼓励的，应该尝试着和幼儿讲道理，并教他们怎么与人沟通和交往。父母是孩子的第一任老师，父母的言行举止和观念对幼儿有重要的影响，当幼儿的言行出现问题时，父母应该首先反思自己的言行是否适当。父母应该从幼儿的成长着眼，给予幼儿正确的引导，而不是教他们斤斤计较、睚眦必报，或者放纵他们恃强凌弱、欺软怕硬。

6. 控制大众传媒对幼儿的影响

大众传媒是一把双刃剑，在带给幼儿丰富的信息和生动的形象的同时，也增加了让幼儿接触许多不利于他们健康成长的因素，因此，成人应该对幼儿可能接触到的大众传媒进行筛选和控制，尽可能让幼儿受到积极的影响，而不是消极的影响。比如，对于一些流行的动画片，教师和家长要有辨别地筛选给幼儿观看，不能流行什么就在教室或家里让幼儿看什么；如果幼儿看到了不健康的节目，教师和家长则应该对里面的角色和形象进行解释和评价，让幼儿知道好和不好、正确和错误；教师和家长不应该受商业利益与宣传的影响，盲目地让幼儿接触流行的节目和玩偶。对于幼儿看过的电影、电视节目，教师和家长要有意识地与幼儿交流节目里面的内容，了解幼儿的认识，及时发现幼儿理解上的问题，强化正面影响和减少负面影响。

7. 培养幼儿的自我控制能力

应对幼儿攻击性行为的方法可以有很多种，但最终要落脚到培养幼儿的自我控制能力上，只有幼儿具有了一定的自我控制能力，才能最后解决这一行为问题。培养幼儿的自我控制能力，既要让幼儿对侵犯性行为感到忧虑不安，又要培养他们的同情心，让他们把自己置于受害者的地位，设身处地体会受害者的苦痛，认识到侵犯行为所带来的恶果，学会对侵犯行为的自我反省和自我控制，从而有效地抑制侵犯行为；培养幼儿的自我控制能力的一个有效方式是游戏训练，幼儿是在社会互动的过程中获得行为准则和社会技能的，游戏训练可以为幼儿提供一个有利的、良性的社会互动环境，使幼儿在游戏中学会遵守规则，学会站在他人的角度看问题，学会建立和维护秩序，学会等待、轮流、合作、自律等社会技能。

六、　说脏话

当幼儿嘴里蹦出脏字时，很多父母都会感到紧张和担忧，生怕孩子从此学坏。由于受周围环境的不良影响，加上孩子有喜欢模仿的天性，"说脏话"这样的现象并不少见。

（一）　案例

小凯5岁了，小的时候是个活泼可爱又懂事的孩子，但是现在变了。他在跟别人说话的时候，常会冒出一两句脏话来，比如"你是蠢猪啊""赶快滚蛋"之类的。上个周末，妈妈带他一起去参加朋友聚会，他带了一个变形金刚的玩具去玩。妈妈的朋友见到他，就跟他说："小凯，你的变形金刚怎么玩，教我好不好？"他很乐意地答应了，然后教妈妈的朋友玩，教了几遍之后，妈妈的朋友装作还是不懂的样子，故意逗他，结果他不耐烦了，抢过自己的玩具，说了一句："你怎么笨得像猪一样，赶紧滚开吧！"妈妈听到之后非常尴尬，被骂的人脸上的表情也瞬间定住了，然后假笑几声，去了洗手间。妈妈随即严厉地教训了小凯，他也哭兮兮地承认了错误，并保证不再说此类话。可是，还没过几天，他嘴里又开始时常地蹦出脏话了，妈妈越想越着急，家里人并没有谁说过这样的话呀，他到底是从哪里学来的呢？

天真无邪的幼儿嘴里时不时蹦出些不雅的词句，着实会让成人震惊、生气和尴尬，幼儿说出的脏话大致有三种：模仿性脏话、习惯性脏话和有意识的脏话。模仿性脏话，是因为幼儿往往没有是非观念，别人说一句骂人的话，他觉得很好玩，也跟着骂人；习惯性脏话，指如果幼儿的模仿性脏话得到成人的默许或者赞赏，就容易使幼儿说脏话成为一种习惯，经常性地说，随口而出；有意识的脏话，是稍微大一点的幼儿（3岁以上）说脏话时，除了出于好玩、互相模仿外，还具有一定的选择性，他们能够初步理解脏话的含义，并对特定的对象说脏话，这就是一种初步具有意识的行为。

很多教师和家长都有这样的疑问：孩子是怎么学会说脏话的？具体来说，有这样几个原因：

1. 幼儿讲脏话主要是出于好奇和模仿

幼儿对什么事情都有一种模仿和尝试的动机，当他们开始听到别人讲脏话时，并不明白其中的具体意义，只是觉得挺新鲜、挺好玩的，进而在和别人交往的过程中尝试着模仿，这是幼儿说脏话的一种普通心理。幼儿的脏话，通常都是在特定的环境中受感染而学到的，有的是身边的成人不顾及幼儿在场，大放厥词、出口成"脏"；也有的是幼儿接触到一些带有脏话的电视、电影节目，在这些受污染的语言环境中，幼儿受到潜移默化的影响。如果教师和家长及时发现，给予正确的引导，并加以制止，孩子在明白不应该讲脏话的道理后是会改正的；但是如果没有人注意和引导，一旦幼儿形成了讲脏话的习惯，甚至强化为口头禅，那时再去纠正就十分困难了。

2. 语言发展的敏感期使幼儿更易于模仿脏话

学前期是幼儿掌握词汇和发展语言的关键期，他们喜欢表达和交流，尤其是对于一些能产生一种强有力的效果，或者像一把剑一样能刺伤别人的脏话或诅咒的话，他们喜欢不分场合地使用，而且越是被制止，就越喜欢使用，有人把幼儿这一时期的语言习惯称作诅咒敏感期。在诅咒敏感期，幼儿从成人的反应中发现和感受到了语言的力量，便开始没轻没重、快乐地使用，他们会尝试着使用强而有力的语言来试探、发展自己的力量，观察别人的反应。很多幼儿都会经历这一阶段，幼儿在这一阶段不仅会对脏话感兴趣，对"打死你""把你头砍下来"等这些带攻击性的语言也会经常使用，如果别人对这样的表达方式反应强烈，更会引起他们的兴趣。一般来说，幼儿只在诅咒敏感期才会有足够的兴趣去如此表达，一方面，如果成年人对此反应过激，或者让他们感到，在生活中经常看到或听到类似的表达方式会让人从中受益，幼儿就有可能形成无意识的习惯，延伸下去；另一方面，如果教师和家长应对适宜，幼儿在需要得到满足之后会顺利过渡，一旦过了这个阶段，就又逐渐恢复正常。

3. 成人的不当强化刺激了幼儿说脏话的行为

绝大部分教师和家长在发现幼儿学会了脏话之后会表现出惊慌失措、大惊小怪、哭笑不得、勃然大怒等比较强烈的反应，殊不知，这些强烈的反应刺激，强化了幼儿的说脏话行为。幼儿最初可能是在无意中模仿了别人的一句脏话，也在无意中说了出来，结果看到成人的反应这么强烈，他开始意识到这句话有强大的影响力，于是他可能就会为了再次看到成人的某种表情、反应而反复说这句脏话，进而扩展到说其他的脏话。

4. 说脏话只是幼儿情绪的发泄

幼儿有时候是在非常生气或者非常兴奋时爆出脏话，比如在与同伴发生激烈冲突、被别人欺负、在得到自己期望已久的玩具时等情境下突然爆出脏话，他们在说之前没考虑也可能并不知道所说的脏话的意义，只是想发泄自己极端的情绪，没有其他的意思。

（三）　应对

讲文明、讲礼貌是人与人交往所必须遵循的行为准则，从小培养幼儿文明礼貌的好习惯，是为人父母及为人师者义不容辞的责任。说脏话会引起人际关系的不和睦，会招致他人的厌恶，也会对幼儿的成长及发展有一定的负面影响，所以，教师与家长都应该积极加以干预。

1. 净化幼儿周围的语言环境

幼儿不文明的语言一般都来源于周围的环境，如果家长和周围的人说话粗俗，满口脏字，这就很容易使幼儿去模仿。因此，家长和教师必须首先提高自身的素质和修养，时时、事事、处处注意端正自己的言行，为幼儿做出良好的榜样。此外，教师和家长还要适当控制幼儿能够接触到的图书和大众媒体节目，为幼儿选择适宜的内容，杜绝不加限制地让幼儿看一些当前流行、热播却不适合幼儿看的图书和节目；家长在带幼儿外出游玩、访友时也应该考虑幼儿周边的环境，尽量避免让幼儿密切接触文明习惯很差的儿童和成人，在没法避免的情况下，家长应该让幼儿明确认识到对方说脏话是不对的行为。最后，当教师和家长发现幼儿开始说脏话时，要及时找出其说脏话的根源，帮助幼儿建立起对说脏话的正确认识和评价，并尽量让幼儿远离或少接触不良的环境。

2. 不做强化幼儿说脏话的事情

幼儿有时候之所以会反复说脏话，一个很重要的原因是他发现自己说出的脏话能让教师和家长脸色大变、情绪激动，成人的这些夸张反应不仅不会让幼儿停止说脏话，相反，幼儿会觉得说脏话是一件很有趣或是很特别的事，所以他们会重复地练习与模仿，从而强化了他们说脏话的行为。因此，对待幼儿说脏话的行为，首先，教师和家长应该保持冷静，进行冷处理。当听到幼儿说脏话时，教师和家长要尽量保持平静，不要大惊小怪、惊慌失措，也不要大发雷霆、吹胡子瞪眼，幼儿虽然说出的是一些不雅的话语，但其实他们并不知道这些话语的含义，所以不用一开始就对幼儿上纲上线、着急担忧；当听到幼儿说脏话时，教师和家长更不能因为觉得好玩而放声大笑或者当着幼儿的面向其他人讲述、模仿幼儿说脏话的行为。这个时候最有效的方法是冷处理，冷处理法又称为消退法，是指某一行为反复出现时，如果这个行为得不到强化，那么这种行为发生的概率就会降低，通过消退程序也就是停止强化，可以使某种反应的频率降低，从而消除幼儿已建立的不良行为。冷处理法最简单的做法就是"装聋作哑"，也就是对幼儿的说脏话行为假装没有听见，不理不问、不打骂幼儿，也不和幼儿讲道理；当幼儿重复在你面前说脏话时，成人可以继续做手中的事情或者走开，或者淡淡地表现出这样做一点也不好玩的意思。通过这样的方式让幼儿感受到，脏话跟其他平常的话语没有什么差别，说脏话并不能引起成人的注意，并不好玩，慢慢地，幼儿也会觉得无趣，自然不会再去故意模仿这些词汇了，也会自动减少说脏话的次数。其次，教师和家长要学会在幼儿说脏话的时候适当转移幼儿的注意力。当教师和家长看到幼儿正在和别人学习说脏话，或者是幼儿正在你面前反复说脏话希望引起你的注意时，除了冷处理之外，还可以适当转移幼儿的注意力，用各种幼儿感兴趣的事情把他们的注意力从说脏话上引开。比如，幼儿身边有人开始说脏话，成人这时可以请幼儿去拿某件物品或者带幼儿去找好吃的零食，让幼儿的注意力转移到后者上面，从而减少他人说脏话对幼儿的影响。转移注意力与当场阻止他人和幼儿说脏话相比，能更好地减少对幼儿说脏话的强化。最后，明确让幼儿认识到说脏话是不对的事情。有的时候，教师和家长不可能完全不闻不问幼儿说脏话的事情，这时，成人可以比较平和并严肃地告诉幼儿：说脏话不对。成人不需要揪着当时幼儿说脏话的事情反复责备幼儿或者讲道理，只需要在幼儿反复模仿时严肃、简单、心平气和地表达"说脏话不对"这一态度，然后不要过多理睬，几次下来，幼儿就会逐渐认识到说脏话不是社会称许的事情，而且也引不起成人额外的注意，没什么意思，从而主动减少说脏话的行为。

3. 让幼儿学会适当的表达方式

不论幼儿说脏话是发泄情绪还是好奇、模仿，教师和家长在冷处理和减少强化的同时，也要积极、正面地教育幼儿学会适当的表达方式。教师和家长要明确地让幼儿知道，一个人说话要文明，说脏话的孩子不是个好孩子；同时，也要教育幼儿正确对待与他人的摩擦和冲突，学会宽容对待他人的过失，并引导和教授幼儿用文明的语言去表达自己内心的感受。模仿和示范就是比较有效的方法，也就是让幼儿通过观察别人的行为来学习和获得良好的行为，从而减少和消除不良的行为。比如，教师和家长可以抓住日常生活中的各种机会，以讲故事、一块看图书、看影视录像等方式有针对性地教育幼儿。如果没有现成的故事或影像，成人还可以根据幼儿的生活和喜欢的形象来自编故事，让幼儿体会被人骂是件非常不舒服的事情，也让幼儿学习故事、影视节目中榜样文明、良好的行为；还要结合故事给幼儿一些好的建议，例如，在伤心、生气的时候，可以找教师、父母、同伴倾诉或者和喜爱的玩具说一说；在对别人的语言和行为不能忍受时，可以离开一会，让双方都冷静一下；等等，而不能用打骂人的方式。

4. 对幼儿明知故犯的行为要及时惩戒

当幼儿总是故意说一些粗话、脏话，并且在教师和家长多次解释和劝告都无济于事的情况下，成人应该立即采用一些措施来制止幼儿的这种行为，使幼儿深刻地认识到说脏话会给自己带来不良后果，从而达到纠正的目的。惩戒并不是简单、粗暴的训斥和打骂，相反，这种方式还可能激发幼儿的逆反心理，让说脏话的行为更加持久。对幼儿的惩戒要采取灵活、有效的方式，比如，掌握幼儿近期最迫切的需求，利用他们非常想要某件玩具或想去哪儿玩的心态，和幼儿商定，如果说脏话了（对于情况严重的幼儿可以降低标准，例如，如果某天说了几次以上脏话），就取消之前买东西或出去玩的约定；对幼儿的惩戒还要合理地约定、坚决地执行，也就是说，之前一定考虑好对幼儿执行的情况不要过于着急，要和幼儿商量好，一旦违反，一定要坚持惩戒，不能在幼儿蛮不讲理地哭闹、打滚时就放弃惩戒。

七、 不爱分享

　　不论是在幼儿园还是在家里，学龄前幼儿比较普遍地表现出不爱分享的行为，他们会为了争一个玩具而大打出手，也会把自己喜欢的一袋饼干拽得紧紧的，不给别人吃一块，"这是我的"成了他们常挂在嘴边的一句话。

（一）　案例

　　跳跳4岁时，春节要回爷爷家，不方便带许多玩具，爸爸妈妈就在途中给跳跳买了一个小风车。因为没什么玩的，所以跳跳对那个颜色鲜艳的小风车爱不释手，每日把玩。一天，她惊喜地发现爷爷家隔壁人家有辆扭扭车，扭扭车的主人是邻居家里和跳跳差不多大的小女孩。虽然平时跳跳对自家的扭扭车并不是特别喜欢，可是到了乡下爷爷家，跳跳突然就对扭扭车感兴趣了，一定要去玩人家的扭扭车，邻居家里的小妹妹大方地让跳跳坐扭扭车了，妈妈便把跳跳刚刚"放弃"的小风车递给了小妹妹玩。明明已经坐在扭扭车上玩得正带劲的跳跳迅速地从扭扭车上站起来，撇下扭扭车，跑过来夺小妹妹手中的小风车，还一把把比她矮半个头的小妹妹推了个踉跄，凶巴巴地对小妹妹说："这是我的，你不要拿！"妈妈在边上看着有些生气了，就责备跳跳："小妹妹都把扭扭车让给你骑了，你的风车，妹妹玩一玩你就来拿走，这样是不对的。"跳跳顶嘴："这是我的，我的，我不要给她玩，要坏的。"妈妈继续说："如果这样，那你就不能骑妹妹的扭扭车了。"

"我还要坐扭扭车。"跳跳拿着风车，又跑到扭扭车前，顺势就坐上去了。妈妈给跳跳讲道理，让她把风车让出来给小妹妹玩，可她就是舍不得，妈妈对跳跳的行为有些忧心，认为她既小气又霸道，舍不得自己的，还要霸着人家的。

（二）分析

分享是人类的一种亲社会行为，它是指个体主动自愿与他人共享资源，并从中获得愉悦和满足的社会行为。从内涵来看，分享至少应具备以下三个特征：一是主动自愿；二是与他人共享；三是内心产生愉悦的情感体验。分享是个体社会化的重要指标，是儿童社会性成长趋于成熟的重要标志。分享意识和分享行为的发展是幼儿社会性发展的一个重要方面，分享意识和行为的养成是幼儿建立良好的伙伴关系、形成健康个性的基础。但是，对于类似案例中幼儿表现出的不爱分享的行为，我们应该怎么来认识呢？有些成人会批评幼儿不爱分享的行为是自私的表现，依据"三岁看老"的俗语担忧幼儿成年后的行为；也有些成人会认为小孩子都这样，没什么大不了的，不用管他，尤其是现在都是独生子女，家长都是唯恐幼儿吃不好、玩不好，对他们不爱分享的行为比较纵容和放任。教师和家长之所以对幼儿不爱分享的行为有这两种极端的认识，主要是因为他们对幼儿不爱分享的原因及分享对幼儿发展的价值没有正确的认识。

关于幼儿不爱分享的原因主要有两个方面：

1. 受到成人不恰当的引导

有的家长会把自己功利的价值观传递给幼儿，比如幼儿对物品的认识只有喜欢或不喜欢，而不会去考虑价格，有时候幼儿会一时兴起把自己昂贵的玩具给刚认识不久的社区小朋友玩或者甚至是送给别人，家长一着急，可能会随口说："这么好的东西，你不能送给别人。"或者担心别人把玩具玩坏了，让幼儿把玩具收回来，家长的这些言行不利于幼儿分享意识和行为的形成；有的家长会因为面子和人情，强迫幼儿分享，比如朋友家的孩子非常喜欢自己孩子的某个玩具，吵着要玩，这时候一些家长碍于人情和面子，会让自己的孩子把玩具送给对方，如果幼儿不同意，家长会批评斥责幼儿，强行让幼儿把玩具送人，或者是趁幼儿不注意的时候悄悄把玩具送人，家长的这些行为不仅会让幼儿很伤心，而且也可能让幼儿越来越讨厌分享；还有的家长爱用"大的应该让着小的"来教育幼儿，比如姐姐在玩球，一旁的小弟弟一定也闹着要一个球，许多家长这时都可能会告诫姐姐将手里的物品让给弟弟，因为弟弟比她小，其实这是不公平的，不仅会让姐姐因为怀疑父母对她的爱而讨厌分享物品，也会让弟弟在这样的无条件的宠爱中更加霸道，难以形成分享的意识，更不容易学会分享的技巧。

2. 受幼儿身心发展水平的限制

儿童并不是一出生就具备分享品质的，分享是儿童社会性发展到一定水平的产物，只有当幼儿达到一定的生理、心理发展水平，拥有产生分享行为的内部动机与机制时，才有可能做出分享行为。幼儿越小，以自我为中心的心理倾向就越明显，成人在培养幼儿分享意识和行为时，应充分考虑幼儿的这一年龄特点和身心发展规律，尽力理解和满足幼儿的心理需要，让幼儿真正感受到分享给自己带来的快乐。1岁左右的幼儿已经开始形成"自我意识"，主要表现为他们对自己的东西特别注意，不允许别人碰，容易出现自我中心行为，到了2岁左右，幼儿的自我中心进一步发展，在幼儿心目中，只要他喜欢的东西，就都是他自己的，更何况那些本来就属于他的东西呢，所以，他容不得别人侵犯，只要他的利益受到一丁点威胁，他就会迅速行动起来，维护自己的利益，因此，让幼儿在3岁以前建立分享的概念为时过早；4～5岁的幼儿虽然在生理与心理上获得了一定程度的发展，但这个年龄段的幼儿仍然不能完全理解分享的真正含义，在他们看来，把自己喜欢的东西送给别人就是分享了，容易产生"分享意识过重、缺少物权意识"的现象；5～6岁的幼儿"去自我中心"在逐渐发展，但"自我中心"仍占主要位置，这一阶段的幼儿虽然有了分享意识，但往往停留在口头上，常常出现言行不一致的现象。

　　分享对幼儿发展的的意义主要表现为：首先，就个体层面而言，分享意味着个体开始摆脱自我中心意识，接受他人可以与我共同拥有某物的事实。儿童的心理发展要经由"自我中心"向"去自我中心"的转变，由此引起儿童的社会行为自然经历从"独占"到"分享"的发展过程，从某种程度上讲，分享即是对个人"独占"欲望的超越，随着分享行为的出现，个体的心中不再仅仅有自我，而是能够意识到他人的存在；不再只想到满足自己的需要，也能考虑到满足他人的需要。分享是个体社会化的重要指标，是幼儿社会性成长趋于成熟的重要标志。其次，就个体与他人的关系而言，分享行为暗含着人的群体性和对他人的承认。通过分享，个体被纳入群体，获得群体的认可和喜爱，与群体建立起良好的情感联系，从而感受到自己存在的意义和价值。幼儿有着与他人交往的需要，他们渴望友谊，渴望朋友，分享行为可以帮助幼儿赢得同伴的友善，得到更多交往的机会，从而使他们更易于被群体所认可和接纳。同时，幼儿的分享行为一般是成人所赞许的，随着幼儿年龄的增长，幼儿有着强烈的对赞扬和认可的需要，他们在乎父母、老师、同伴等重要他人对自己的看法，渴望得到他们的赞许和肯定，幼儿表现出分享行为，也正好满足了他们被爱、被认可以及归属感的需要。在日常生活中我们还发现，不管是作为分享主体的幼儿还是作为分享行为对象的幼儿，在分享行为发生的具体过程中，都突出地表现出喜悦和兴奋的情感特征，可见，分享是一种能够给幼儿带来积极的情感体验的同伴互动行为，有助于人与人之间关系更加友好、亲密与和谐。

（三）　应对

在了解了幼儿不爱分享的原因以及分享对于幼儿发展的重要意义之后，应对时应该注意以下几点：

1. 遵循幼儿的身心发展规律，满足幼儿的心理需要

如前所述，幼儿表现出不爱分享的行为与他们的心理发展特点有关，学前儿童思维发展的主要特点是以自我为中心，在学前后期逐渐开始去自我中心，所以，我们不能随意把幼儿不爱分享的行为给贴上"自私"的标签。而且，学前阶段的幼儿在分享意识和行为上还存在年龄差异，教师和家长在应对时得注意区别对待：比如，3岁前幼儿的自我中心思维比较严重，让他们建立分享的概念还为时过早，所以，这一年龄段的幼儿如果不愿意与他人分享自己的物品，教师和家长应尊重幼儿的决定，而不能强行要求幼儿做出分享的行为。有的家长出于成人的价值观或者面子考虑，当幼儿拒绝分享时，会责骂幼儿或者抢幼儿的物品来强迫幼儿分享，这样做不仅伤害了幼儿的心理，也无助于幼儿形成分享意识和行为。在幼儿园，教师应该注意提供足够的玩具和教具，满足幼儿独自游戏和平行游戏的需要。4~5岁的幼儿由于希望受到社会赞许，开始愿意分享，但他们不能完全理解分享的含义，以为把自己的东西送给别人就是分享，所以在这个年龄段，教师和家长要继续强化儿童的物权意识，告诉他们"分享是每个人都可以玩，而不是送给别人"。

同时，成人也要培养幼儿正确的物权意识，在幼儿与他人分享之前，应让幼儿对自己的持有物具有绝对的安全感，了解到不管谁触碰或使用过之后，这些东西仍然是自己的，只有体会到自己的所有权之后，才能了解别人的所有权，这对幼儿以后分享意识的发展非常重要。成人平时要注意尊重幼儿的所有权，比如，成人想要用幼儿的物品，就要事先征得他的同意，并且给予幼儿说"不"的权利，这样有利于培养幼儿对他人的信任感，更愿意分享。幼儿园在玩具、教具的提供上也应该做到种类多样和数量丰富，以增加幼儿的选择，减少不必要的争抢玩具冲突。5~6岁的幼儿思维还没有完全去自我中心化，他们在分享中时常表现出言行不一致的情况，这时教师和家长需要帮助幼儿将分享转化为自觉的行动，指导幼儿怎样进行分享，强化幼儿的愉快体验，从而激发幼儿再次尝试分享的愿望。

2. 为幼儿树立学习的榜样

教师和家长作为幼儿的重要他人，是幼儿模仿的重要对象，他们的日常行为、言谈举止和情感态度随时都对幼儿的发展产生潜移默化的影响，所以，成人要做有心人，平时要善于抓住一切有利时机为幼儿做好行为示范。比如，在分发物品时，成人要有意识地将这些物品以分享的形式来呈现；当自己有了快乐体验时，要以分享的形式讲给幼儿听；当看到幼儿正在玩玩具时，成人可以有意识地走过去对幼儿说："我可以和你一起玩吗"或者"你可不可以把玩具分给我一些"等，当幼儿体验到分享带来的乐趣后，他们也会逐渐自觉产生分享的动机，模仿成人发出类似的行为，因此，教师和家长必须经常检查自身的言行，为幼儿作出良好的榜样。同时，同伴也是幼儿观察学习的榜样，教师和家长要发现典型的代表并在同伴中树立有分享行为的好典型，让其他幼儿学习，如当幼儿有某种物质分享行为时，成人要作出积极评价和鼓励，这样会激发其他幼儿去模仿和学习。

3. 创设分享的情境和机会，让幼儿在实践中加强体验

　　培养幼儿的分享意识和分享行为不能仅仅满足于道理的灌输，而应该重视幼儿的主动实践。教师和家长应通过适当的方法引导幼儿，在主观上让幼儿产生分享的内在动机与愿望，形成分享意识，从而使幼儿的分享行为更加稳定、自觉。教师和家长不仅应告诉幼儿为什么要分享，而且要帮助幼儿体验由分享带来的愉悦感，激发其分享的内在动机。当幼儿主动表现出分享行为时，成人要诚恳地接受幼儿的好意，而且要谢谢幼儿，并及时用鼓励、赞许、奖励等方式强化幼儿的分享行为，让他体验到和大家分享是件很快乐的事情，从而激励他继续这种行为。幼儿一旦拥有了这种美好的体验，今后更容易自觉地做出分享行为，形成良好的社会行为和道德品质。为了弥补当今独生子女先天缺少分享机会和环境的不足，教师和家长应尽量为幼儿创设分享的情境，创造幼儿与他人，特别是同伴交往的机会。如果一个孩子很少有机会接触到其他小伙伴，那么他就很难学会与人分享。

　　在家里，家长应多带幼儿参加适合幼儿的集体活动与聚会，也应邀请亲朋好友带着孩子来家里做客，给幼儿创造尽可能多的与人自由交往的机会。家长可以和幼儿一起准备客人来时需要的食品、水果和饮料等，和幼儿商量、选择与来访的小朋友分享的玩具和物品，家长可以根据幼儿的情况先收起幼儿非常喜欢、不愿意分享的玩具，以避免不必要的冲突，然后征求幼儿的意愿，让幼儿自愿、主动地拿出收起来的玩具。家长不要因为怕吵、怕闹、爱清洁，和幼儿一起宅在家里看电视、玩iPad。

　　在幼儿园，教师也应该有目的性地开展一些活动，引导幼儿学会分享，比如，教师可以根据实际情况在一周中设立专门的"分享日"，可以是"玩具分享日"，即让幼儿在这一天将自己喜爱的玩具带来与别人分享，也可以是"经验分享日"，即幼儿在这一天将自己的成功经验和近期完成的作品向

他人展示，幼儿在展示和讲述的过程中，既能产生成就感，又会产生一种因分享带来的快乐和满足感，还可锻炼他们的口语表达能力。教师还可以在班级为幼儿举办"生日会"，也就是当某个幼儿有办"生日会"的需求时，教师可以与家长配合把"生日会"办成一个"分享会"，在"生日会"上，蛋糕、饮料、糖果等将成为小朋友共同分享的物品，教师在主持"生日会"的过程中要有意识地为幼儿创造分享的机会，例如教师在请大家唱完生日歌、说完祝词之后，就可请"小寿星"简要谈一谈成长中值得分享的故事，然后，请"小寿星"为大家分发生日蛋糕，这是小朋友共同期待的时刻，在这一时刻，大家分享食物，体会着过生日快乐的心情以及由分享带来的乐趣。

4. 以正面强化为主，避免过度强化

改变幼儿不爱分享的行为，塑造幼儿愿意分享的良性行为，应以积极的、正面的强化为主，少用惩罚，同时，也要注意适度使用强化手段，避免幼儿只是为了获得表扬之类的外部动机而分享。常用的正面强化有口头语言强化和肢体语言强化两种。

口头语言强化是指成人用适当的语言肯定幼儿的分享行为，强化幼儿的愉快体验，从而激发幼儿再次尝试分享的愿望，例如，在日常游戏中，常常会看到这样的情景：一位幼儿带来一辆新型玩具车，当别的幼儿想与他玩却遭到一次次拒绝时，别的幼儿就会说："那我以后不跟你好了。"带玩具的幼儿会马上感到如果不与别人分享玩具，他就可能失去小伙伴，于是就同意将玩具给小伙伴玩。这时，教师和家长要抓住这一教育时机问幼儿："和某某一起玩高兴吗？"并进一步强化："有好东西应该和小朋友一起分享才对，你看因为你把玩具分给小伙伴玩，所以你们在一起才玩得那么高兴，你真了不起！"如果类似的情境出现后，成人都能注意及时强化，幼儿在今后就会逐渐自觉产生分享的动机和行为。但成人在评价时要注意语气、语调，

强化时要重点针对行为本身而不是针对本人，这样幼儿才能产生积极的分享行为。

肢体语言强化是指教师和家长运用自己的动作、表情、眼神、姿态等变化来表达对幼儿分享行为的肯定，比如，当发现幼儿有分享行为时，成人可采取向幼儿点头、微笑、竖起大拇指或用手轻轻抚拍其肩、头等方式，使幼儿因得到成人的肯定而带来快乐和满足，从而在今后更愿做出类似的行为。

但是，需要注意的是，幼儿都有受到社会赞许的倾向，他们特别希望得到成人尤其是他们心目中有权威的成人的表扬。在幼儿心中，教师和家长就是这样的权威人物，幼儿为了得到教师和家长的赞许和认可，常常努力表现出他们期待的言行。由于分享是教师和家长所赞许和认可的，幼儿一旦表现出分享行为，一般都会得到表扬，因此为了得到表扬或奖励，为了成为成人心中的"好孩子"，有些幼儿在教师和家长在场时会更容易表现出分享行为。这虽然很符合幼儿的心理特点，但应该指出的是，当这种外在的表扬和奖励使用过度以后，幼儿的行为会更多依赖外部环境，倾向于用外在动机来解释自己的行为，也就难以形成自律的人格，所以要慎重使用。

5. 进行分享教育应该把握尺度

"要学会分享，不要自私，心里有他人。"这一直是我国世代相传，成人用来教育幼儿的常用语。在我国传统文化中，"独占"即意味着自私，是不好的，"分享"则意味着"无私"，是每个人应努力去达到的。前面论述了分享对幼儿自身和社会发展的重要性，因此大家都认识到对幼儿进行分享教育是非常必要的，但这并不意味着，我们对幼儿进行的分享教育是毫无尺度的，如果我们过分强调分享，反而有可能偏离分享教育的本质，出现"伪分享"行为。人们一般认为,分享教育的意义在于教育幼儿不要以自我为中心,不要自私,要考虑他人、关心别人。然而,如果成人无视幼儿正当而合理的权益,"不要自私"的教育对幼儿来说,就有可能意味着不要按自己的愿望行事,而应为了让父母或教师等权威满意而放弃自己的愿望,意味着不要爱自己、不要成为自己,而要服从于某些比自身更重要的东西,服从于外在的权威或由它内化而来的责任。因此,我们需要特别强调,提倡分享,并不是不要保护个体自身的正当权益,不是要剥夺个体独立思考、独立做出决定和独立行事的能力。成人不能要求幼儿在任何时候、把任何东西都拿出来分享,而要教育孩子把握好分享的度,在尊重自己的权益和情感的前提下,学会合理拒绝和接受他人的拒绝。为此,成人可以教给幼儿一些必要的分享技巧,比如,当自己的东西数量有限时,可以拒绝与他人分享;当别人借用自己的物品时,可以告诉对方如何使用、怎样保护它;对于不属于自己的东西,不要独占,更不能多次要求分享等。

6. 掌握一些适当引导的方法

幼儿不爱分享的行为有其身心发展特点的原因,所以不能以简单、粗暴的方式强迫幼儿分享,但是教师和家长可以采取一些灵活的方法来进行引导,以便让幼儿顺利地过渡。比如,和幼儿一起玩轮流游戏,可以让幼儿在愉快的体验中潜移默化地尝试分享。教师和家长可以和幼儿一起读书,幼儿翻一页,成人翻一页,轮流翻;也可以和幼儿一起搭积木,幼儿搭一块,成人搭一块,轮流搭……通过类似的游戏,幼儿可以学会和伙伴轮流做事情,并在游戏中发现分享的快乐。又如,教师和家长要有意识地帮助幼儿理解别人的感受,培养移情能力。当幼儿正在玩别人的布娃娃时,布娃娃的主人把布娃娃从幼儿手里抢回去了,这时成人可以告诉幼儿:"她太喜欢她的布娃娃了,她想现在就抱着她的布娃娃,没有布娃娃,她会很伤心的。"再如,要允许幼儿有一个发展的过程，不能急于求成。对幼儿来说，分享并不意味着他必须把手中的东西交给别人，成人没有必要这样要求幼儿，即便幼儿只把手中的玩具拿出来给人看一看、摸一摸，这也是他尝试分享的开端。这个时候，成人一定要及时给予宝宝鼓励，千万不要因为幼儿没有把玩具给出去而责怪幼儿小气，那样只会打消他尝试分享的积极性，让幼儿慢慢学习和适应跟人分享，他就会感觉比较安心，也会逐渐放开自己的手。

最后要强调的是，成人不能助长幼儿的不良行为，要让幼儿认识到分享他人的东西，必须通过正确的途径来达成自己的愿望。例如，幼儿想要姐姐的图书，姐姐不同意，有的家长会为了避免幼儿哭闹和两个幼儿之间的冲突，让幼儿趁姐姐不注意悄悄地拿走姐姐的书，或者是帮幼儿悄悄地拿走姐姐的书。这样做虽然得到短暂的和平，但不仅会制造两个幼儿之间的矛盾，还会让幼儿学会一些不良行为，家长应该引导幼儿以正确的途径来达成自己的愿望："你想要姐姐的图书是吗？那你去问姐姐要吧，如果姐姐给你看，你就可以看了。"

八、搞破坏

在生活中，教师和家长经常会碰到幼儿把好好的书撕成碎片，把别人搭建的积木推翻，把妈妈衣服上的装饰片拔得精光，把送人的礼盒给掏了个洞……在一些成人眼里，幼儿简直是个破坏大王。

案例1： 4岁的珍珍在积木区搭电视塔，她认认真真地搭了好一会儿，眼看一座高高的电视塔马上就要搭成了，这时沫沫从边上一阵风地跑过来，呼地一推，电视塔便哗啦啦地倒下了。珍珍大哭起来，而沫沫似乎很得意。

案例2： 2岁半的冬冬最近喜欢上了一件新玩具——马桶，趁爸爸妈妈不注意，他就会把拿到的东西往马桶里丢。卫生纸、饼干、勺子、杯子、电视遥控板……只要他能拿得到的，都不能幸免。爸爸妈妈阻止他丢，还把卫生间给锁住，但只要一逮着机会，他就往卫生间跑，就像是和爸爸妈妈捉迷藏一样。一天，爸爸准备出门，找不着车钥匙，就问在厨房洗碗的妈妈拿了没有，妈妈正回忆把钥匙放哪儿了，瞅到卫生间的门开着，冬冬也没在客厅，立刻意识到发生了什么事情，两人冲到卫生间，看到车钥匙果然在马桶里。万幸的是，冬冬还没有力气按下冲水开关，被冬冬丢到马桶里的东西都没被冲进下水道。

☆☆

（二）　分析

　　幼儿的许多行为看起来是在搞破坏，但仔细观察后就会发现，他们破坏的性质是不一样的，有的是故意的，有的不是故意的；有的是针对物品本身，有的则是针对其他人；有的对别人有伤害，有的则没有伤害；等等。所以，我们在分析幼儿的破坏行为时不能只看表面，还得透过现象看本质，要弄清楚幼儿搞破坏的原因。整体来讲，幼儿搞破坏有以下几个原因：

1. 出于好奇心

　　幼儿时期孩子心理发展的一个重要特点就是好奇心特别强，他们对什么东西都很好奇，有强烈的探究欲望，总想通过摸一摸、看一看、闻一闻、尝一尝、拆一拆、摔一摔等方式看看究竟是怎么回事。在生活中，他们喜欢拆卸钟表、玩具、收音机、笔，乱按电器开关或遥控器，可能因此损坏了东西，但他们是想弄清楚小汽车为什么会跑、小飞机为什么会飞、玩具青蛙怎么会跳、收音机为何能说话、遥控器里是否藏着一个指挥电视的阿姨或叔叔；等等。他们沉浸在自己喜欢的事物里面，并努力通过自己的双手去寻找答案，这是儿童主动探索未知世界的一种学习方式，应该加以保护。案例中的冬冬之所以喜欢把东西扔到马桶里，可能是想知道不同的物体掉进水里是怎样的，或者是想试试什么样的物品能让马桶里的水转起来。

2. 吸引他人注意

　　幼儿有时候表现出破坏行为，并不是对感兴趣的物品的探索，而是希望通过破坏行为引起他人的注意。幼儿希望引起注意的人可能是某个特别的人，也可能是某个群体。比如，案例中的沫沫如果只是推珍珍搭的积木，那他一定是想引起珍珍的注意。又如，乐乐在地板上玩拼图，今天他终于把复杂的动物拼图完成了，于是兴奋地叫妈妈过来看，但忙碌着的妈妈却没搭理，乐乐又叫了两声，妈妈还是不理他，乐乐急了，把旁边花盆里的花揪了一把，这下终于让妈妈注意到他了。再比如，有的幼儿想买一双新鞋，但家长不同意，说现在的鞋还能穿，于是幼儿为了达到换鞋的目的，就故意把脚上的鞋磨破，从而让家长注意到鞋坏了，可以重新买一双。还比如，有的幼儿错误地认为，损坏人家的东西是大部分小朋友不敢干的，自己干了，要比别人勇敢，于是他们经常在教室里捣乱，抢这个小朋友的玩具、推那个小朋友搭的积木、把拉着手的两个小朋友撞开等，来证明自己的能力，俨然是一个小霸王。

3. 宣泄不良情绪

破坏也是幼儿用来宣泄不良情绪的一种方式，这与成人极度生气的时候会掀桌子、摔东西一样，当幼儿非常生气的时候，他们也会通过摔东西、砸玩具等强烈的方式来发泄内心的压抑和愤怒。有的幼儿可能是在幼儿园里受了气，或是遇到不顺心的事，回到家后拿玩具当出气筒；有的幼儿是感到受欺负、被嘲笑，就偷偷地搞一些破坏性行为来报复，通过破坏来表达自己的不满情绪；还有的幼儿则可能是因为被家长打骂了，或者爸爸妈妈吵架了，家庭气氛不和谐，心里想不通、内心压抑，就用搞破坏来进行宣泄。

4. 受能力的限制

好动、主动性强，什么都要自己做，但是手眼的配合、肌肉的协调性还差点，力量也不够，这些都是学龄前幼儿的发展特点。然而，因为受自身发展能力的限制，幼儿经常表现出一些好心做坏事的行为。比如，幼儿想帮着妈妈擦桌子，却不小心把桌子上的杯子打翻了；想帮着妈妈端饭碗，却没拿稳，把碗掉地上打破了，饭也全撒了；想帮爸爸拿衣橱里的袜子，但把抽屉全拉了出来，里面的东西掉到地上了。再比如，幼儿喜欢模仿大人的行为，总想能像大人那样做很多事情，看到爸爸每天回家时用钥匙开门，也拿个东西在锁孔里捣乱，结果锁孔被堵住了；想学妈妈的样子洗衣服，结果把深浅衣服泡在一起，使妈妈最喜欢的一件浅色衣服被染色了。如此种种行为，让家长整天提心吊胆，有苦说不出。

（三）　应对

幼儿形形色色的破坏行为后面有着不同的原因，教师和家长在面对幼儿的破坏行为时不能只是一味地训斥和制止，而要观察分析行为后面的缘由，根据不同的情况，采取相应的措施。基本的应对办法有以下几点：

1. 保护幼儿的好奇心和主动性

只要是幼儿出于兴趣、好奇以及发挥自己的主动性而进行的非恶意的破坏，教师和家长首先应该理解他们是在学习和探索，而不是故意破坏，要对他们宽容和有耐心，其次；要根据具体情境给予必要的引导、支持和帮助。

比如，可以提醒幼儿哪些玩具可以拆，拆卸哪些玩具可能被划伤而有危险，哪些玩具未经允许是不能拆的；在没办法阻止幼儿正当的探索行为时，教师和成人也可以想办法把损失降到最低，如可以把比较珍贵的东西先收藏起来，或者，仔细观察他们的一举一动，弄明白他们究竟对什么东西感兴趣之后，有选择地提供一些他们感兴趣又比较耐用、不容易弄坏的东西；成人在给幼儿玩具时，也应该教会他们什么叫爱惜，当幼儿想试一试小叮当能从多高的地方跳下来的时候，成人就应该告诉他，如果这个玩具摔坏了，是不会有新的在等着他的；给幼儿买玩具时，不要以为价钱越贵就越好，而要给幼儿选择玩法多样、安全的玩具，让玩具本身的多样性设计吸引幼儿的兴趣，而不是让幼儿玩了一遍就觉得无聊，从而只能破坏玩具来探索其他玩法。

又如，当看到幼儿在拆机器人时，不要严厉地批评幼儿，也千万不要说"不许再把玩具拆了，不然，下次就不给你买了"等这样警告和威胁的话，因为成人的批评和威胁很可能扼杀幼儿可贵的探索精神，这时，成人应该蹲下来参与到幼儿的活动中，可以问幼儿"机器人里面有什么啊？机器人为什么会动？"引导并帮助幼儿一起寻找结果，然后再跟幼儿一起把拆开的玩具恢复原样，在这样做的过程中，幼儿既获得了探究心理的满足，又促进了师幼或者亲子关系的发展。此外，教师和家长在鼓励幼儿"破坏"的行为之余，还要有意识地创造条件，引导幼儿思考问题，成人可借助日常生活中幼儿经常看到的事物提一些问题让幼儿去猜、去想，例如，当听到闹钟滴滴答答地响时，成人可以问幼儿"闹钟为什么会响，为什么会走呢？"在拍皮球的时候，成人可以问幼儿"皮球为什么一拍就跳很高，如果把气放了，还能跳那么高吗？"等等，鼓励幼儿多观察、多思考，但要注意的是，成人要做好准备，幼儿的探索行为和破坏行为会因此增多，关注幼儿的行为，在必要的时候和幼儿一起从"破坏"中寻找答案。

再如，当幼儿热衷于模仿成人的行为，好心办坏事时，成人要先肯定幼儿的行为，然后选择幼儿能尝试的事情耐心地给幼儿示范，告知幼儿相关的动作要领和注意事项，例如，幼儿对开锁感兴趣，成人可以带他到门口去，拿出钥匙让幼儿开，并告诉幼儿一把钥匙只能和一把锁相配，大小不合适都不行；幼儿想开抽屉帮爸爸拿袜子，成人可以把幼儿带到抽屉边，给幼儿示范开抽屉的动作，和幼儿一起拉开、关上，反复几次，并告诉幼儿抽屉要轻轻地拉，拉到什么位置合适，关抽屉的时候要小心，以免夹手，等等。幼儿学会了如何操作之后，他们的好奇心会自动减弱，而且成人也可以通过教幼儿的这个过程逐渐理解幼儿，熄灭因幼儿的破坏行为带来的无名怒火。在这类事件中，如果成人仅仅是发怒、责骂幼儿，则会扼杀幼儿的探索精神，也容易使他们形成胆小怕事、畏首畏尾、唯唯诺诺的做事风格。

2. 关注幼儿需求，引导幼儿合理表达

幼儿不仅需要吃饱、穿暖等物质上的关怀，还需要精神上的呵护，所以教师和家长要像关心他的吃喝一样在乎他，多和他交谈，了解他最近有些什么烦恼或是有什么需要，及时反馈他的问话、求助和情感需要。对幼儿提出的合理的物质需要，成人要尽量满足，如果受条件的限制不能满足，成人要把原因告诉幼儿，给幼儿讲道理，让幼儿理解，不能欺骗他。对于那些试图通过破坏行为引起别人注意的幼儿，教师和家长要密切配合，先要有意识地多给予足够的关注与倾听，让幼儿的情感需求得到满足；又要帮助他建立正常的表达通道，教幼儿通过建立更积极的行为赢得教师和同伴的认可；还要纠正幼儿的错误认识，让他看到自己行为背后的后果，分清勇敢与野蛮的区别，懂得破坏别人的财物是不道德的，并不是勇敢的行为，从而帮助幼儿减少破坏行为。对于通过破坏来宣泄不良情绪的幼儿，教师和家长不能以暴制暴，对幼儿的训斥或责罚反而会迫使幼儿强行压抑不良的情绪，加重他的紧张、焦虑感，不利于幼儿的身心健康。成人应该教幼儿逐步学会运用恰当的方式宣泄不良的情绪，如撕纸、拍枕头、弹琴、丢沙包等，以减少在宣泄情绪时的破坏行为，等幼儿发完脾气后，成人要予以安慰，让他把不愉快的事讲出来，并给予分析，帮助他建立正确的是非观。

3. 对屡教不改的恶意破坏行为要给予适当的惩戒

有的幼儿比较顽皮，经常性地故意弄脏别人的衣服、扔掉别人的东西、摔坏玩具等，还以此为乐，教师和成人在教育和制止效果不明显的情况下，可以适当结合一些惩罚的办法。比如，把别人的衣服弄脏了，必须把自己最喜欢的衣服送给别人以作赔偿；把别人的玩具弄坏了，必须把自己最喜欢的玩具送给对方；故意把杯子摔坏了，就取消当天吃冰激凌（或幼儿喜欢吃的某种食物）的约定；故意把书撕坏了，必须打扫干净，而且当天不能看电视了，等等。惩罚幼儿的目的是让他们体验到：别人失去某件喜爱的物品的伤心和痛苦，做了不该做的事情，必须承担相应的后果。在给予幼儿惩罚的时候要特别注意的是，惩罚不是体罚，要理性，要建立在和幼儿讲清楚道理的基础之上，而不是情绪失控地训斥甚至打幼儿；另外，惩罚要适度，要密切根据幼儿的实际情况进行惩罚，比如，要选择幼儿真心喜欢的东西来适当剥夺，要考虑幼儿的情绪和接受程度，惩罚之后要及时安慰，等等。简单、粗暴的惩罚只会适得其反。

九、　不容改变

在幼儿园或者家里，教师和家长经常会看到这样的场景：一个幼儿一定要坐另一个幼儿坐着的椅子，虽然他身边还有好几把空椅子，但他说这把椅子之前一直是他坐的；从家里去小区的幼儿园有两条路，因为常走的一条路在修管道，妈妈准备带幼儿走另一条路，但幼儿坚决不同意，等等。幼儿近乎固执地坚持自己习惯的物品和方式，不允许有所改变，成人不小心改变了，幼儿就会变得焦躁不安甚至大吼大闹，无论怎么安慰都无济于事，有时候安慰和劝服甚至会让情况变得更加糟糕，很多成人因此责怪幼儿是无理取闹。

（一）　案例

案例1：3岁多的涵涵最近对待事物总是近乎苛刻的完美，比如，吃的苹果上不可以有斑点，不可以把苹果切成两半，拒绝接受妈妈刚刚剥开但是咬了一小口的鸡蛋。一天妈妈带她去朋友家做客，本来玩儿得特别高兴，她说有点饿，于是阿姨请她喝酸奶，她高兴地答应了，在边上一边玩一边等。阿姨拿出一盒酸奶还帮着她戳吸管，因为吸管戳了几次没戳好，于是阿姨只好把酸奶封口撕开再把吸管放进去，当她接过阿姨递过来的酸奶时，原本笑眯眯的脸突然大变，一边哭，一边说不要这样的酸奶，妈妈安慰和劝说她，但她越哭越厉害，阿姨说重新拿一个换一下，她也不同意。

案例2：鹏鹏现在才刚满3岁，在幼儿园里表现得非常好，情绪也很稳定，是一个聪明、机灵、人见人爱的乖宝宝。鹏鹏的妈妈很年轻，也很时尚，每天都把自己打扮得花枝招展，让周围的成人羡慕不已。但是，鹏鹏却因此而变得很苦恼。很多时候妈妈来幼儿园接鹏鹏回家时，鹏鹏就大哭大闹，感觉眼前这个时尚漂亮的妈妈不是自己的妈妈，有一种陌生感，表现出焦虑，不安的神色。而换成爸爸来接时，就完全不会出现这样的情况。为此，鹏鹏妈妈也变得非常的焦虑，不明白这是为什么？仔细思索发现，自己平时并没有批评或是惩罚孩子，给孩子留下什么不好的印象，到底是什么原因呢？

案例3：一个下雨天，妈妈抱着2岁2个月的悠悠从二楼下楼到一楼去，楼梯上有雨水，悠悠吵着要自己下楼梯，妈妈怕悠悠摔跤，一直到楼梯剩下5个台阶的时候，才把悠悠放下去，悠悠不干了，一定要回到二楼去，在悠悠看来，下5个台阶不是下楼梯，当妈妈又将悠悠抱回二楼后，悠悠的脸上洋溢着喜悦的笑容，她高高兴兴地从二楼一个台阶一个台阶地下楼梯……

（二）　分析

幼儿不容改变的行为后面的心理基础就是秩序感。秩序，是指通过时空形式所表现出的事物或要素间和谐统一的运动状态，具体表现形态有均衡、比例、对称、节奏、韵律等。秩序感，是人的生命对秩序的感受和追求，是人在把握和创造秩序的过程中，引起了内心多种心理功能的和谐运动，使得生命结构与之发展同构和契合，从而产生愉悦、兴奋、舒服的感觉，相反，当人处于混乱、无序的环境时，则会产生焦虑、恐惧、急切改变的情绪体验。秩序感是人类文化心理结构的积淀，是人类自然——生物和历史——文化演变的结果，它是人生命中的基本情感需求，它的满足使人类的生存和发展有了保障。

1. 幼儿的两种秩序感

简言之，幼儿的秩序感主要表现为对事物的秩序有强烈的需求，并逐步获得和发展起对物体摆放的空间或生活起居习惯的时间顺序的适应性。良好的秩序感形成以后，幼儿的生活就会形成一定的秩序，只有在有序的环境中，人的内心才能产生愉悦、舒适的情感体验，并从中获得生命的安宁和发展。蒙台梭利认为儿童具有两种秩序感，即内部秩序感和外部秩序感。

（1）内部秩序感

这是指幼儿对自己身体的不同部分和相对位置等的感知与理解，即"内部定向"，是幼儿通过外部环境建立起来的内在秩序，在幼儿尚不能自由走动之前就已经存在了，从而形成对他自己身体姿势和位置有关的敏感性。

（2）外部秩序感

这是指幼儿对外部世界存在的规律和关系的感知与理解，这一阶段的幼儿有强烈地追求外在事物秩序化的欲望，例如幼儿在玩游戏的时候看到活动室里的玩具摆放得位置不对或不整齐，就会强烈要求恢复原样，有时甚至大哭大闹，直到玩具归位为止。秩序感的表现形态有安全感、归属感、格局感、时空感、平等的公正感等，尽管它们在具体的内容、表达形态上有所不同，但它们有其内在共同的价值，即反映了人们对物与物、人与物、人与人之间和谐、有序关系的感知觉，这些情感的获得在本质上都是人的某种秩序的需要得到了满足。

2. 幼儿秩序感的发展

学前期是幼儿秩序感形成和发展的敏感期，也就是说，在这个时期，幼儿对秩序极端敏感，热爱秩序是幼儿的普遍特点，对于幼儿来讲，秩序是生命的一种需要，就像呼吸需要空气一般，当它得到满足时，就产生了一种自然的快乐，没有被满足时，则会感到焦虑和恐惧。其实，在胚胎和婴儿初期，幼小的生命已经对秩序产生了极微弱的、无意识的生物感应。例如，胎儿会由于怀孕母亲的身体不适和情绪失调而产生躁动和不安，出生3个月的婴儿会因为看到对称和比例均衡的人脸而显露出高兴和激情，这种情绪是婴儿对获得了一种自然感性秩序需要满足的表达，是安全感的外露。6岁以前，幼儿秩序感的发展可以分为三个时期：

（1）执拗敏感期

1～3岁的幼儿由向内的秩序感逐渐转变为向外的秩序感，有强烈地追求外在事物秩序化的欲望，对物品摆设的位置、动作发生的顺序、人物的呈现、物品的所有权等有着近乎苛刻的要求，若遇到挑战，就会感到不安、焦虑，甚至会表现出极端的激烈反应。案例2与3中的情景就属于这种情况，由于幼儿在这一时期难以变通甚至不可理喻，所以就称这一时期为执拗敏感期。

（2）完美敏感期

在执拗敏感期过后，幼儿3～4岁时，会出现追求秩序完美的关键期（有时也会和执拗敏感期同时出现），也可称之为完美敏感期。案例1中的涵涵之所以会有如此表现，就是因为他正处于完美敏感期。接着，幼儿对秩序的敏感会上升到对规则的要求：无论在什么地方，我遵守规则，你也必须遵守规则，人人都要遵守规则。并且逐渐从服从规则转变为能把一些生活常规内化。

（3）审美敏感期

到了5岁之后，由于幼儿对秩序关系的感受越来越明确、越来越深入，会对时空秩序感和具有美感价值的秩序感（秩序美感）特别关注。比如，当他们画画时，会注意结构比例是否合理，比如近大远小等；当他们搭积木时，也会注重空间结构的美感，等等，因此，这一阶段就称为审美敏感期。

（三） 应对

在日常生活中，幼儿表现出的种种不容改变、追求完美等遵守秩序的行为有时候确实让成人觉得不可理喻，事情发生后，成人越劝，幼儿哭闹得越凶，这情景也让很多成人感到气愤和无奈。面对幼儿的这类行为，成人应该怎样来应对，下面总结了几个方法：

1. 端正对幼儿秩序敏感期的认识

正如前面提到的，学前期是幼儿秩序感发展的敏感时期，良好的秩序感有利于幼儿在日常生活中学习和交往，可以提高幼儿的生活质量，并为幼儿一生的发展奠定良好的基础；如果幼儿的秩序感没有得到很好的关注，幼儿就有可能会感到焦虑不安，很难与他人相处，对幼儿的身心发展造成不利影响，对幼儿今后的生活和学习也会产生一定的阻碍作用。而且，一旦错过了发展的关键期，以后将难以弥补，即使弥补，也难以达到预期的效果。教师和家长应该端正对秩序敏感期的认识，意识到秩序敏感期的存在是与幼儿的心理发展特点密切相关的，是幼儿成长过程中难以逾越甚至是不以他们的意志为转移的阶段。面对孩子在这一时期出现的种种看似不可理喻的行为，教师和家长要试着更多地去了解幼儿行为背后的原因。

对于幼儿产生的合理的或非原则性的需求，要接纳幼儿的情绪并尽量满足他们在秩序敏感期的"有序愿望"，顺应其秩序感发展的需要；对于原则性的需求，如果不能够满足幼儿，就需要灵活变通，通过拥抱、讲道理、转移注意力、寻找替代目标等方式来平息幼儿的情绪，切记蛮横"镇压"。如果成人缺乏应有的细心和耐心，致使幼儿宝贵的秩序敏感期没能得到应有的呵护和培育，就会使潜藏于幼儿内心深处的、还不完善的秩序感慢慢沉没于意识的底层，也会扼杀幼儿的自律感萌芽，导致幼儿将来在遵守规则和发展道德感方面，出现各种障碍和问题，为幼儿以后的生活和学习埋下"祸根"。

以案例1来说，教师和家长要理解涵涵正处于秩序敏感期，平时应尽量满足涵涵的要求，即给涵涵没有斑点的整个苹果，不要把苹果切开，帮涵涵剥鸡蛋等食物时，不要破坏食物的原型；至于涵涵去别人家做客喝酸奶的事情，家长最好能提前做好准备，比如知道涵涵不愿意撕开封口插吸管，就应该事先阻止，如果是家长也没有意料到的事情，这时不能因为涵涵不懂礼貌的哭闹有碍家长颜面而厉声批评、斥责她，而是应该努力安慰涵涵，告诉她阿姨不知道，所以这样做了，并找一些涵涵喜欢的事情来转移她的注意力，等涵涵情绪稳定后，再和她讲道理。

2. 为幼儿创设有秩序的环境

当幼儿秩序的敏感期到来时，我们应保护幼儿、理解幼儿、尊重幼儿、协助幼儿，尽可能给幼儿提供一个有秩序的环境。

首先，为幼儿创设有秩序的环境体现在空间环境上，在空间环境的布置上，幼儿园室内环境和户外环境都要整洁有序。在室内，教室各个区域应划分明显，物品材料的选择应适应幼儿生长发育的秩序，教具的陈列则要具有结构性和秩序性，遵循由易到难、由具体到抽象、从左至右、从上至下的原则，同时，教师不要随意改变各种教具、物品以及幼儿座位的摆放位置，以免扰乱幼儿已经形成的关于物品应该如何安放的记忆模式，引起不安情绪；在户外，要合理布局大型玩具，布置和谐美观的绿化区，让幼儿感受到自己置身于一个有序的环境中。家庭环境也应如此，要有有序的空间分割、整洁舒适的家居布置、相对固定的物品摆放，要注意每次使用物品后及时归位；要让幼儿有专用的毛巾、水杯、玩具柜，有条件的家庭，还应给幼儿提供专门的游戏、休息和睡觉的空间（单独的房间或区域），幼儿的东西更要注重摆放有序，家长不要随便去变换它们的位置，尽量不要对幼儿居住的环境有太大的改变，比如不要频繁地为孩子更换床铺、居室、生活环境，等等，即使不得已，也要给幼儿一个适应期和过渡期，并且要为幼儿可能的不适应做好各方面的准备；尤其是长途旅行时一定要特别注意，可以让幼儿带上自己喜欢的玩具或物品，帮助幼儿减轻对环境的陌生感和不适应。

其次，为幼儿创设有秩序的环境也体现在时间环境上，在时间的安排上，要为幼儿每天的生活制定合理、有规律的作息制度，这样幼儿就会知道一天内什么时间做什么，从而形成秩序感和安全感。例如，在幼儿园里，每天的活动都要按日常周期进行：早晨入园后吃早餐，然后欣赏音乐或自选小游戏，接下来是早操、集体活动、户外游戏、午餐……在家中也是一样，每天晚上洗澡、睡前活动、睡觉……这样的作息规律不仅能使幼儿获得学习经验和生活体验，久而久之，还能帮助其形成良好的生活习惯和生活态度。

最后，为幼儿创设有秩序的环境也体现在心理环境上，幼儿的生存和成长离不开良好的心理环境，它必须是有秩序的。和谐、关爱的师幼关系，融洽、友善的同伴关系，温馨、美好的家庭关系都会为幼儿秩序感的培养提供帮助，因为幼儿园中的碰撞、纠纷，家庭内部的争吵、冲突，都会使孩子的心理受到严重伤害，令他们感到恐惧和不安，从而失去安全感、归属感，造成内部秩序的混乱。

3. 利用关键期培养幼儿的规则意识

教师和家长不仅要正确认识幼儿的秩序敏感期以及为幼儿提供有秩序的环境，还应该抓住幼儿秩序感形成的关键期，培养幼儿的一些规则意识和能力。

比如，可以培养幼儿的归置习惯和能力。归置物品是维护良好秩序的保证，也是培养幼儿规则意识的好时机，所以，无论在家还是在幼儿园，成人都应有意识地利用幼儿的秩序敏感性培养其归置物品的习惯，做到每样物品的摆放不但要整齐，还要有固定的位置。在此过程中，可借用数字在背后编号或用贴纸贴等添加指引的方式帮助幼儿分类和物归原位，同时，要给幼儿提供充分的机会和时间，让他们自己收拾整理玩具、教具等，教师和家长不能因为他们动作慢、收拾得不好而越俎代庖，否则，将不利于其秩序感的形成和良好习惯的培养。

又如，可以培养幼儿的社会行为规则，让他们学会自律与尊重他人。依据幼儿对秩序的需求，教育幼儿在公共场合不大声喧哗；上下楼梯要在右侧通行，不推不挤；遇到长辈、客人或老师，要主动问好；人多时，要有秩序地排队等候等等。在幼儿园里，同伴交往是幼儿形成社会规则的良好途径，例如，在自带玩具活动中，幼儿如果想要玩别人的玩具，一定要事先征求别人的同意："请问让我玩一下你的玩具好吗？"尤其在对方拒绝的情况下，要让幼儿学会用正确的方法对待——做最后的努力或有礼节地退出，这不只是简单的交往与合作，而且使幼儿在与同伴交往中能够意识到，按规则行事是维护良好关系的保证，为幼儿今后适应社会秩序、遵守社会规范打下良好的基础。

十、 撒谎

在日常生活中，幼儿撒谎是一种普遍的现象，裤子上满是水渍，却硬说没玩过水；嘴边明明沾有巧克力的痕迹，却偏偏不肯承认吃过巧克力。诸如此类的谎言让教师和家长不仅伤透心神，而且倍感迷惑和担忧。

（一） 案例

案例1： 浴后浴缸里的水不是很脏，但漂浮着沐浴露的泡沫和细碎的汗尘，4岁半的依依洗完澡后还是舍不得起来，她仍然坐在浴缸里面，来来回回地玩从水枪上卸下的装水罐，装了倒、倒了装，不亦乐乎。玩了一会儿，她把罐子端起来，仔细地看了看里面的水，然后放到嘴边尝试性地喝了一口，喝完后，小嘴还在若有所思地咂摸着。这时，妈妈正好拿浴巾过来，看到她嘴巴在动，就问她吃什么东西了，依依说"没有"，妈妈很疑惑地继续追问是不是喝浴缸里的水了，依依仍然说没有。

案例2： 幼儿园组织了一次分享活动，老师让每位小朋友第二天都带一点有单独包装的糖果之类的小食品到幼儿园。第二天早上，卫卫妈妈送卫卫时拎了一个大蛋糕来幼儿园，老师很奇怪，询问之后才知道，卫卫回家告诉妈妈，说老师让买一个大蛋糕来幼儿园。

（二） 分析

　　撒谎，也就是我们通常所说的说谎话，对于什么叫说谎话，不同的人有不同的界定，其中，一个比较有代表性的界定是：说谎是通过言语或非言语的方式，有目的地隐瞒、伪造或假造有关事实或情绪的信息，以诱导他人形成或维持一种沟通者本人认为是假的信念，无论成功与否，均可被视作说谎。简言之，说谎必须具备三个要素：陈述目标的虚假性，即所说的确实是假话；传递者认为它是虚假的，即说的人肯定知道它不是真的；传递者具有欺骗接受者的意图，即说的人希望听的人能够认为它是真的。只有在这三个要素都成立的情况下，我们才能认为某人说谎了。

　　有时人们会把谎言和欺骗混为一谈。事实上，从心理学范畴来界定，谎言和欺骗是既有联系又有区别的两个概念，因为它们所涉及的认知维度是不一样的。欺骗，除了具有说谎的三个特点之外，最重要的特点是它来源于对错误信念的理解，是指意图培养他人的错误信念，以至于使他人产生错误或进入误区。就心理理论的范畴而言，说谎仅属于心理理论系统的初级维度，也就是并不会考虑别人想什么，只关心别人做什么，自己的所作所为只是想影响别人的行动；而欺骗则属于心理理论系统的次级维度，次级维度系统同样想影响别人的行动，但却是用一种间接的方式，通过影响别人的想法来达到目的，次级维度系统通过操纵人的信念来操纵别人的行为，而且往往是以要手段、说谎等方式来实现目的。儿童一般是在说谎的基础上逐渐意识到可以通过让他人建立一种错误信念来误导他人的行为，以达成他们自己的目的，所以，可以说欺骗是在谎言或说谎的基础上出现的，儿童就是通过让他人建立错误信念的方式，把单纯的谎言或说谎转变为真正的欺骗。举例来讲，幼儿发现桌子上有他爱吃的蛋糕，但妈妈不让他吃，于是他说他累了，以为这样说妈妈就能让他吃蛋糕。这种情况就是说谎，因为他根本没有想过要让妈妈相信什么，只关心妈妈怎么做。但是，如果幼儿不直接找妈妈要蛋糕吃，而是先说他肚子疼，当妈妈追问他为什么肚子疼时，他告诉妈妈刚才没好好吃饭，肚子饿得疼了。那么这种情况就不仅仅是说谎了，更多的是欺骗，因为他想通过让妈妈建立"他肚子饿得疼了"这样一个错误信念，然后允许他吃蛋糕，这是一种间接的形式，是想通过影响别人的想法来影响别人的行为而达到目的。许多研究发现，幼儿的欺骗行为多是在4岁以后表现出来的，在学龄前，幼儿的撒谎行为比较普遍。

幼儿并不是生来就会撒谎的，幼儿的撒谎行为主要是在2岁左右开始出现的。教师和成人在认识幼儿的撒谎行为时也存在误区，即是把一些幼儿由于能力限制无意间混淆现实与真实以及表述与现实不符的行为也称作撒谎，其实这类行为并不是真正意义上的撒谎，我们这里把它称作无意的撒谎。下面我们主要分析一下幼儿撒谎的原因，鉴于教师和家长经常不能正确认识幼儿无意的撒谎，所以在分析中我们把无意的撒谎也纳入进来，以便成人能更深入地理解幼儿的撒谎行为。

1. 幼儿撒谎是认知发展的结果

对于年龄越小的孩子来讲，"撒谎"是幼儿认知发展水平的反映，一般两岁左右的孩子开始出现"撒谎"行为。根据皮亚杰的儿童认知发展理论，两岁幼儿的认知发展处于具体形象发展阶段，思维发展的明显特点是信号功能或象征功能的出现，他们开始从具体动作中摆脱出来，凭借象征性格式在头脑里进行"表象性思维"，某些"谎言"正是他们的"表象性思维"的口头表述。从认知发展的角度来看，当孩子"撒谎"时，我们甚至应该感到高兴，因为从谎言中可以见证幼儿的认知发展水平。

2. 幼儿的想象易与现实混淆

　　整个幼儿时期，幼儿的想象是以无意想象为主，有意想象开始发展，再到以再造想象为主，创造性想象开始发展。幼儿兴趣广泛但不稳定，认知活动和思想发展都不够成熟，幼儿常常会把想象与现实混淆，难以区分现实与想象，容易把想象的事情或希望发生的事情当成已发生的事情来描述，说出一些与事实不符的"异想天开"的话来。而幼儿混淆想象与真实的表现，常常被成人误认为他在有意撒谎。幼儿的想象力非常丰富，极具夸张性，他们经常会夸张地描述某件事或某个物体，而不关心是否符合实际。例如，"我姥姥家的狗可大了，像牛那么大！"；有的幼儿听别人说昨晚做了一个梦，就说自己也做了梦，而且还能绘声绘色地描述出来，其实他根本没有做梦。当大人听到孩子们这么夸张的语言描述时，常会斥责他们撒谎。另外，幼儿因年龄小、知识经验贫乏，往往对事物缺乏正确的判断与理解，这就容易导致说话与事实不相符。例如，一个父亲让儿子去看炉上的水烧开了没有，儿子跑去一看，听见水正"呼呼"地响，就回来报告说："水烧开了"哪知父亲过去一看，水并没有烧开，于是生气地训斥儿子："你怎么骗我？水根本没烧开！"实际上孩子并非有意撒谎，而是不知道怎么来正确判断水烧开了，以为水呼呼响就表明水烧开了。对于此类谎言，父母不必担心，因为它只是幼儿身心发展到某一特定阶段的不成熟的产物，纯属无意撒谎，随着幼儿年龄的增长和思维的发展，这种"撒谎"的现象就会逐渐减少。

3. 幼儿的记忆还不够准确

　　记忆是比较复杂的心理过程，是过去的经验在儿童头脑中的反映，幼儿的记忆包括识记、保持、再认或回忆三个基本环节。他们识记、保持和再认或回忆的内容无论在数量上还是在质量上，都与学龄期儿童的记忆效率具有明显的差距。幼儿记忆的保持时间随着年龄的增长而逐渐增长，反之，年龄越小的孩子，记忆保持的时间越短，记忆的准确率越低。当他们在回忆自己的记忆内容时，就会出现相当程度的遗忘甚至改变，以致被大人认为是"撒谎"。

4. 幼儿的语言表达能力欠缺

在讲述活动或日常生活中，幼儿在回忆以往的经验组织语言时，他们需要调动头脑中已有的词汇进行造句，还需要按照一定的逻辑顺序编排内容并独立讲述，此时，孩子常会语无伦次甚至东拉西扯，说上几句超越时空的"谎言"。如一个孩子说："我的爸爸很好。奶奶今年到我们家来了。我爸爸的老家在很远很远的地方。"其实奶奶只是以前曾经来过。这时候孩子并不是故意撒谎，只是语言表达能力不强，他们还不能正确地表达自己的意思。

5. 为逃避指责、惩罚，从谎言中获利

如果大人对幼儿要求比较严格，经常数落幼儿或使用惩罚的方式对待幼儿，幼儿会因为做错事害怕被指责或惩罚而撒谎。例如，有一名4岁的女孩将妈妈才买的一对新头饰摆弄散了，就随手丢进了纸篓里，几天后，妈妈到处找都找不到，就问幼儿："你看见我买的新头饰了吗？"孩子说："头饰坏了，我把它扔进纸篓里了。"妈妈不相信自己的耳朵，马上厉声追问了一句："你说什么？"孩子一看母亲的脸色"由晴转阴"，马上无所适从地改口说："不知道。"这个小女孩就是在"说真话要吃亏和受惩罚"的片面认识影响下，为了逃避责任、进行自我保护而撒谎。实际上幼儿在做错事情后，不管大人是否会批评，总会产生心理压力，当他们在权衡说真话与说谎话的过程中，会自然而然地选择对自己最有利的方式。面对这类孩子，成人

应当清楚惩罚绝不是纠正幼儿撒谎的"灵丹妙药"，相反，越是怕被惩罚，幼儿就越想撒谎，越要编瞎话来欺骗你。对此，我们应鼓励幼儿勇于认错，并使他感到不会因为认错而受到惩罚，如果幼儿承认了错误，讲了真话，就应该对他的诚实予以肯定与表扬，并心平气和地帮助他纠正错误，这样才能消除幼儿的恐惧心理，使他们养成诚实坦白、勇于认错的良好习惯。

6. 成人的不良影响

教师和家长的言行对幼儿有潜移默化的影响，他们对待事物的态度、他们的处事方式都是幼儿模仿的榜样。

比如，成人不正确、过于武断或直觉式的归因，总爱把自己的孩子往好处想，不能冷静地、公正客观地对待既发事实的行为方式经常会诱发幼儿撒谎。现实生活中因这类原因使得幼儿撒谎的现象屡见不鲜。譬如，见到孩子满身污泥，家长质问："是不是邻居家的孩子弄的？"看到家里的花瓶碎了，就责问孩子："是不是小保姆打坏的？"……幼儿由于道德观念模糊，生活经验匮乏，极易受到成人的语言暗示，撒谎也就在所难免了。对于上面这种情况，我们不妨这样设想一下，如果家长改口问："你是怎么弄脏衣服的？""是谁弄坏花瓶的？"情况可能就大不相同了。

再如，如果幼儿看到成人为了取得某种利益说谎后，就会不自觉地模仿起来，久而久之，这种模仿成了他们的习惯，直白地说，有些幼儿撒谎实际上就是父母或老师教的。例如，带幼儿上公园或乘车，为了节省票钱，故意让幼儿变得"矮"一些；有客人来电话或拜访，父母因故不愿应酬，让幼儿说其不在家，于是就有了那句可笑而又诚实的谎言："我妈妈说她不在家"；老师有时高兴，对学生承诺某日去郊游，学生一听欢呼雀跃，可是真到了那一天，却又找借口说不去了，这时，幼儿心中便有了不平衡感，他们认为连自己一向尊敬的师长也说谎，说谎可能不是件坏事，久而久之，这种心理就渐渐泛化到幼儿的言行中去了。所以，教师和家长应该以身作则，切不可为了达到某种暂时的目的而欺骗幼儿，对幼儿撒谎，此外，对幼儿许下的诺言一定要兑现，做到言而有信，万一忘记或无法兑现时，也应该向幼儿道歉并说明原因，这也是尊重幼儿的表现。

（三）应对

幼儿的撒谎有有意的撒谎和无意的撒谎，无意的撒谎不是真正意义上的撒谎，而是幼儿在特定发展阶段的产物；有意的撒谎也有不同的原因，教师和家长在应对幼儿的撒谎问题时应该注意辨别和区别对待。面对幼儿撒谎，教师和家长既不可简单粗暴地训斥，也不可听之任之地纵容，而应该对其撒谎行为仔细分析，采取相应合适的措施，随着年龄的增长以及成人正确的引导，幼儿的撒谎行为就会得以纠正。具体来说，教师和家长可以这样来做：

1. 尊重理解幼儿

首先，尊重理解幼儿就是尊重幼儿身心发展规律，知道幼儿的撒谎有无意、有意之分，是受他们的身心发展特点决定的，是特定发展阶段的产物。教师和成人要以正确的态度和方式应对幼儿的说谎行为，应该充分理解幼儿，不要轻易给幼儿的行为贴上"撒谎"的标签，扣上"撒谎"的帽子。每一个幼儿都需要家长、老师的尊重和沟通，当发现幼儿撒谎时，成人要冷静地进行辨别和分析，找出幼儿撒谎的原因，进行区别处理，不要只看现象，不看本质，盲目批评、训斥幼儿或者担忧幼儿的道德品质。

其次，尊重理解幼儿就是要正确引导和谅解幼儿的过失行为。教师和家长应该正确引导幼儿的过失行为，比如说，你看到幼儿把果汁弄洒在桌面上，但他却声称"不是我洒的"，这时，成人不应特别关注他说谎的事，而是要努力解决眼前的问题。可以先给他一张纸巾，告诉他"我们把果汁擦干净吧"，这种方式能避免直接与幼儿就谁洒了果汁发生争执，也把幼儿的注意力转移到收拾干净的事情上去；接着，成人应鼓励幼儿说实话，可以用语言告诉他："果汁洒了没有关系，我们可以擦干净，但你要说实话，不论你做错什么，妈妈（爸爸）都爱你。"这样，幼儿才会勇敢承认错误；家长一定要及时为他能鼓起勇气说真话表扬他，这对激励幼儿坚持说真话有很好的效果。

2. 为幼儿提供良好的环境和优秀的榜样

首先，教师和家长应该为幼儿创造民主、愉悦的成长环境。养成幼儿健康心理品质的最重要因素是为他们创造一个民主、愉悦的生长环境，教师和家长要为幼儿创造一个互相尊重、互相信任、诚实的心理环境，在这样的环境下，即使幼儿做错了事，也不会产生恐惧心理。当幼儿遇到困难或碰到问题敢于主动倾诉时，教师和家长应不急不躁、耐心倾听，并给他们帮助，这样，幼儿就不会以说谎来逃避责任。另外，过分严格的要求，对幼儿来说也是一种精神压力，当幼儿承受不住压力的时候，就会用谎言来掩饰。因此，创造民主、愉悦的心理氛围是避免幼儿说谎的重要因素。

其次，教师和家长要为幼儿做好行为榜样。教师和家长在要求幼儿诚实不说谎的同时，自己要做幼儿言行一致的榜样，在日常生活和工作中，注意做到言行一致、诚实守信。对幼儿或他人的承诺要认真履行，不当之处要及时承认，并认真改正，即使是无意忘掉了，也要诚恳认错。另外，不要为了一时讨好幼儿随意许诺一些事，万一诺言不能兑现，幼儿会认为你欺骗了他，久而久之，幼儿会对大人产生不信任感，并认为说了话可以不算数，慢慢地他们也会学着这样做。

3. 理智对待说谎的儿童

首先，要给予幼儿正确的引导。由于学前阶段以及学龄期的幼儿价值观尚未建立，教师和家长需要在平常的生活中重视价值观教育，坚持用正确的价值观引导幼儿。比如，有的幼儿会把幼儿园以及小朋友的玩具带回家据为己有，当被爸爸妈妈发现时，就撒谎说"这是自己捡到的"或"这是小朋友送的"，这种撒谎是伴随偷、拿别人东西而产生的不良行为，具有明确的目的性，谎言也是经过精心编造的。对于幼儿的这种谎言，家长必须高度重视，通过生动活泼的教育，如讲故事、做游戏、角色扮演等，让幼儿明辨是非，让他知道做错事情一定要改正，防止孩子养成撒谎以及偷、拿别人物品的不良习惯。

其次，对幼儿的行为要奖罚分明。幼儿做了错事，教师和家长要鼓励他们说实话，表扬他的诚实表现，然后妥善处理他的错误，而不是勃然大怒，或者打骂他。成人的粗暴训斥并不会使幼儿因为这个事情得到任何受益，他仍然不知道下一次犯了错误应该怎么做，相反，当他下次做错事后，就会产生恐惧心理，又不得不出现说谎行为，而且还会出现改进技巧、目的性更强的撒谎行为。对待幼儿的错误，教师和家长要静下心来仔细分析幼儿撒谎的具体情况，并给以适当的教育批评。

最后，对幼儿的教育要协调一致。父母对待幼儿撒谎的问题应该保持一致的态度，不要出现一方在进行批评教育，另一方包庇纵容的现象，要教育幼儿不说假话，养成诚实的品格。家长之间要保持一致，教师和家长之间也要密切配合，教师发现幼儿的撒谎行为要及时、客观地告诉家长，并给家长一些教育性建议；家长发现幼儿的撒谎行为也要及时、坦诚地告诉教师，不要因为面子观念而包庇幼儿的问题，双方密切合作，共同引导幼儿的发展。

十一、 什么都要自己做

在日常生活中，很多幼儿都喜欢自己的事情自己做，自己吃饭、穿衣、洗澡，甚至成人烧饭、洗衣，幼儿都想插一手，他们跑来跑去，忙个不停，很多时候是在为成人帮倒忙。

（一）案例

案例1： 冰冰2岁2个月了，刚学会自己用勺子吃东西，现在吃饭她不要妈妈和奶奶喂了，非要自己吃。妈妈给她夹菜，她不要，而是自己用勺子去盘子里舀，常常把菜拨到桌子上；好不容易把菜弄到勺子里，在往嘴里喂时经常又会掉下来；喝汤时更是状况百出、"惨不忍睹"。一顿饭下来，冰冰的脸上、手上、身上以及周围的桌子、餐椅上和地上，都几乎没有干净的地方了，奶奶悄悄向妈妈埋怨说："这哪是吃饭，简直是打仗啊，她吃顿饭得给大人添多少事情啊！"

案例2： 5岁的赫赫特别想去滑雪，于是爸爸就带他去滑雪场体验体验。赫赫第一次穿上雪橇、杵上雪杖特别兴奋，在平地上他滑不动，爸爸就把他带到一个小缓坡，让他能借着惯性往前滑。因为边上还有人，爸爸担心安全问题，就拽着他的衣服，但是他不让爸爸跟在后面，一边甩爸爸抓他衣服的手，一边往下冲，结果差一点和别人撞上，爸爸吓得出了一身冷汗。

案例3： 6岁的岩岩自从看到阿姨家的小哥哥自己洗澡后，也要求自己洗，爸爸看他每次就象征性地用沐浴液摸摸头、身子、手和脚，泡泡都没冲干净，就洗完出来了，提出要帮忙，但他坚决不同意，说自己的事情要自己做。

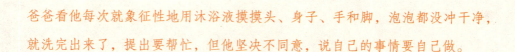

（二）　分析

　　幼儿喜欢自己的事情自己做，不让成人帮着做和干预，这些行为从心理学的角度来讲，是幼儿自主性的表现。自主性又称独立性，是指依靠自己的力量实现自己合理选择的目标和愿望的能力。具体来说，就是自己成为自己行动的主体，不依赖他人（有时排除他人的干预），自由地做出自己的判断、主张和行动。自我依靠、自我控制和自我主张是构成幼儿自主性的三个要素。自主性是素质教育的重要目标，有自主精神的人遇事有主见，工作中有主动积极性，责任心强；自主性强的幼儿，他们学习的主动性、积极性就会得到发展。一旦幼儿独立性、自信心得到提高，将对今后的生活起到积极的促进作用，因此，在幼儿期重视对幼儿自主性的培养有着重要意义。

　　学前阶段是幼儿自主性发展的关键时期。幼儿在2岁左右进入自主性萌芽的时期，这一时期也是幼儿人生的第一个反抗期，他们的独立意识增强，什么都想"我自己来干"，对外界的控制，反抗比较强烈。在这一时期，家长如果听之任之、放任自流，将不利于幼儿的社会化，但是如果过分严厉，又会伤害幼儿的自主感和自我控制能力。如果成人对幼儿的保护或惩罚不当，幼儿就会产生怀疑，并感到害羞。3岁左右，幼儿的主动性增强，表现出更多的主动探究的行为。如果幼儿的主动探究受到成人的鼓励，这将为他成为一个有责任感、有创造力的人奠定了基础，但是如果成人讥笑幼儿的独创行为和想象力，那么幼儿就会逐渐失去自信心，感到内疚，这使他们更倾向于生活在别人为他们安排好的狭窄圈子里，缺乏自己开创幸福生活的主动性。

自主性作为幼儿个性与社会性发展的重要组成部分，对幼儿的健康发展具有十分重要的意义。影响幼儿自主性发展的因素主要包括内部因素和外部因素。内部因素主要指幼儿个体方面的差异，外部因素主要是文化方面的差异，包括不同国家、社会及家庭对个体产生的影响，我们这里主要分析外部因素。

1. 人际氛围对幼儿自主性的发展至关重要

人际氛围是指人与人交往形成的关系和气氛，在学前期，家庭是幼儿主要社会化的场所，所以家庭氛围对幼儿自主性的发展尤其重要。家庭氛围包括心理氛围、行动氛围和情感氛围。

和谐的心理氛围主要表现在家庭成员之间能够相互信任和支持，对意见不一致的问题能找到合适的办法解决，对家庭成员的号召和提议乐于响应等。在和谐气氛的影响下，幼儿更容易接受成人的教育和指导，产生更多的约束性顺从行为，同时也展示出更多自身的能力，其自我依靠和自我主张的能力会得到充分发展；同时，幼儿也会更乐于接受规则，并自觉用规则约束自己的行为，发展自我控制的能力。

行动氛围代表着家庭成员整体的行为方式，在良好的行动氛围中，成员间彼此互相关心，做事有商量，烦恼时，家人相互都会劝解和安慰，这为幼儿自我主张的发展提供了宽松的环境，从而促进了幼儿自我主张的发展。在和谐的行动氛围家庭中成长的幼儿，其自身行为会更加积极向上，行为表现会有很强的自控性，同时也更倾向于有自己的主张。

情感氛围表现为家庭内部的一种稳定、典型、占优势的情绪状态，主要指家庭成员间相互理解的程度，以及能否找到共同的兴趣，是否乐于表达自己的感情等，稳定积极的情感联结是良好家庭氛围的最终体现，这里的稳定积极指的是和谐的、适中的、不过分紧张的情感氛围。有研究者认为，亲子间过分紧密或疏离的情感联结都会阻碍幼儿自主性的发展，一些夫妻间感情不和的父母往往倾向于向子女寻求情感上的满足，从而过度地依赖子女，并鼓励子女对自己的依赖，从而剥夺了幼儿在一定范围内自己做决定的权利；另一方面，如果父母与子女之间的情感联结处于疏离状态，会使子女无法从父母那里获得情感满足，转而向其他人寻求这种满足或认可，在这种情况下，幼儿自我主张能力虽会有一定的发展空间，但幼儿也更容易受到同伴或其他人的影响，走向自我主张的极端。因此，适中和谐的、积极稳定的家庭情感联结是促进幼儿自我主张健康发展的必要条件。

2. 权威程度适当的教养方式最有利于幼儿自主性的发展

父母的教养方式主要指父母在教育子女的日常活动中所表现出来的固定的行为模式和行为倾向。有研究表明，不同的教养方式会导致幼儿的不同发展状态，过分极端的教养方式，如专制型和放任型，显然都不利于幼儿的健康发展。在幼儿自我依靠和自我主张的发展过程中，只有权威型的教养方式最有利，这是由于权威型的父母表现为对孩子要求严格，但不过分苛求和限制，他们善于倾听孩子的观点，考虑孩子的感受，这在某种程度上促进了幼儿自我主张和自我依靠的发展。权威型的教养方式也最有利于幼儿自我控制的发展。权威型的教养方式的核心特征是温暖和适当控制相结合，这种方式可以有效促进幼儿自我控制的发展。在过度保护、忽视或放任的教养方式下，幼儿都有消极的自我控制特征，易出现情绪和行为上的控制问题，而母亲温暖的话语和体贴的关怀对幼儿的依从和合作有很大影响，父母在和孩子沟通的时候，如果能给予有效的言语指导，幼儿的自我控制能力也会增强。

（三）应对

　　幼儿在其自主性发展的重要时期，喜欢发表自己的意见，对自己喜欢什么或需要什么都有明显的选择性，自己的事情一定要自己做。幼儿的这些行为可能会影响到教师和家长的权威，也会带给成人许多的麻烦，但是，这一时期也正是幼儿自主性发展的关键期，成人的应对对幼儿今后的发展具有重大影响，因此，一定要慎重对待。具体来说，教师和成人可以这样来做：

1. 尊重幼儿

　　尊重幼儿是发展幼儿自主性的首要前提。我们无法相信一个整天要服从于成人指令或是遭成人指责的幼儿会正常地发展他的自主性。跟幼儿保持良好平等的关系，让幼儿明白他和成人之间可以共同学习游戏和共同商讨问题，给每个幼儿以发表自己意见的机会等，这样才能充分调动幼儿学习的积极性与创造性，培养幼儿的自主性。尊重幼儿的一个重要内容是尊重幼儿自我抉择的权利。教师和家长应该从小给幼儿提供自我选择和自我决定的机会，把幼儿看成平等、有能力的一员，尽可能地创造条件让幼儿参与讨论集体和个人的事务，并有意识地留给幼儿独立思考的时间和机会，尊重幼儿的答案和选择。要注意的是，尊重不是一味地听取和采纳，幼儿合理的选择应得到肯定和鼓励；暂时看起来不合理的选择不要直接立即否定，而是和他一起再次探讨如何完善和改进这个不太合理的选择；当然，原则性问题不可以妥协。如果幼儿坚持自己不合理的选择，在保证安全和成人可控的情境下，不妨让幼儿实践自己的选择，通过其自身的切实体验，体会一下自我选择的结果，成人不可以嘲笑和讽刺，甚至是冷眼旁观，在他情绪低落时安慰他，并帮他分析原因和改进的办法，这样幼儿会更加意识到抉择的重要性，会更加通情达理。

2. 合理要求幼儿，不过分干涉

教师和家长对幼儿的要求应合理，既要引导幼儿主动探索和思考，又要尽量给孩子留出适当的时间和空间，不可凡事包办代替。教师和家长给幼儿提供的材料，应该有利于幼儿主动参与、动手操作，能引发幼儿的多种想象，并能产生多种变化，对幼儿的能力要有信心，鼓励幼儿通过自身的活动来主动学习。教师和家长要保证幼儿充分的自由自主活动的时间，使幼儿有独立支配自己的自由，有独立思考问题和想象的自由，即使在集体活动的时间里也要给幼儿一个自己探索的时间；同时，要多为幼儿提供足够的活动空间，以满足他们自由选择的需要，对幼儿的探索活动不要直接指点，幼儿在活动中碰到困难时不要急于帮助和代替，让幼儿自己去寻找解决办法。幼儿在主动探索的活动中难免会出现错误，成人切勿对此急于纠正或代幼儿去做，应该为幼儿留下探究和思考的空间，当然，如果幼儿在活动中多次失误，在适当的时机给予一定的帮助和点拨也是需要的。成人要将对幼儿的支持、鼓励与适当的要求和限制相结合，把握好教育的适度性。

3. 创设轻松、愉悦的环境，促进幼儿自主性的发展

这里的环境除了物质环境以外，更重要的是指精神环境，它直接影响着幼儿自主性的发展。在家庭中，家长要营造和谐民主的家庭氛围。前面已经论述过，和谐的家庭氛围对儿童自主性的发展至关重要，家长在条件允许的情况下，家人之间多一些时间相处，多沟通和交流，多考虑他人的意见和感受，给家庭成员以真诚的关怀，无论在心理还是行动方面，都给予充分的

支持，并在切实了解幼儿身心发展需要的基础上，让幼儿在温馨轻松、和谐民主的家庭氛围中成长。在幼儿园，教师也要营造民主平等的师幼、幼幼交往氛围。教师要放下自己权威者的角色，多做幼儿的引导者、支持者和观察者，尊重幼儿的人格，和幼儿互商互助，鼓励幼儿之间的合作与协商，从而为幼儿创设一种轻松、愉快的气氛，促进幼儿自主性的发展。

4. 避免走向放任自流的极端

我们在尊重幼儿，促进幼儿自主性发展的同时，还要注意不要走向放任自流的极端。在生活中，幼儿想看电视就看电视；可以随意把不要的饭菜夹到家长的碗里；要买玩具就非买不可，不然就撒泼打滚……前面说尊重幼儿、给他们充分的自由和自主，但不是听之任之，让他们为所欲为。这种放任，事实上只会错误地制造一种幼儿过分膨胀自我、以我至上的精神环境。在幼儿园，有的教师把每天在活动区的活动看做是自己休息、可以喘口气的好机会，任幼儿无目的地在活动区内摆弄材料，教师误以为这是发挥幼儿的自主性，但这缺乏应有的促进和引导，这样做，不是促进幼儿自主性的发展，而是拖了幼儿发展的后腿。

十二、 左撇子

在日常生活中，大多数人都是用右手吃饭、写字、打球等，用左手的人比较少，这类用左手活动的人在大家眼里比较奇怪，人们对他们的评价也不同。

（一） 案例

亮亮2岁半了，正在学习用勺子吃饭，这时出现了一个以前没有发现的问题：亮亮习惯用左手拿勺子。亮亮爷爷认为，小孩子用左手不好，必须得纠正过来；亮亮爸爸则认为，左撇子聪明，应该鼓励亮亮用左手；亮亮妈妈则有些担心，亮亮如果习惯用左手的话，以后写字怎么办呢？

（二） 分析

左撇子，指的是在日常生活中习惯用左手的人。人们习惯于用哪只手，用专业术语来说叫利手，人在长期劳动和使用工具的过程中，两只手有了分工，一些日常必需的活动常习惯用一只手来进行，于是就有人手的优势——"利手"的概念。利手，是指一个人日常生活中做技巧性活动时习惯使用的那只手。习惯于用右手的人称为右利手，习惯于用左手的人称为左利手（左撇子）。在现实生活中，大多数人为右利手，但也有10%左右的人为左利手，且具有性别差异，男性比女性多。

利手问题之所以受到关注，是因为有很多研究已经证实，惯用哪只手与大脑的结构和发育特点有关，手的活动对大脑功能的开发和利用有着极为重要的作用。我们都知道，人的大脑分为左右两个半球，左半球控制右半身，右半球控制左半身。左半球负责语言、记忆、分析、数学计算和逻辑思维等活动，因此左半球被称为"理论脑""语言脑"。而右半球负责管理总体形象、空间概念、几何图形、感觉、音乐旋律、绘画构思、身体协调等更为复杂的情感和想象力，所以被称为"直观脑"和"音乐脑"。通常右利手的人大脑左半球的功能较发达，左利手的人大脑右半球的功能发达，大部分的人都是右利手，左利手只占少数，所以他们容易受到关注。

左利手的形成机制比较复杂，既有遗传影响，也有生理、病理方面的原因，还具有深刻的心理、社会根源。

1. 遗传影响

有调查发现，父母全是右利手，其子女左利手的概率低，低于20%；父母全是左利手，其子女左利手的概率有所增加，为30%~40%；父母只有一方是左利手，其子女的左利手概率介于上述两者之间，这说明父母的利手对子女利手的形成确实有影响。

2. 病理影响

有研究发现，早期脑损伤，各种出生风险因素，以及孕期激素水平等病理因素和左利手的形成关系密切。

3. 心理、社会影响

有研究表明，在某些条件下，左利手的出现是为了适应右利手，这有其深刻的心理、社会根源；还有一个可能导致左利手的心理原因是早期视觉经验的偏侧化，即如果婴儿有把头偏向一侧的习惯，他们就容易形成与之方向相反的利手，换言之，婴儿的头经常偏向右侧，容易形成左利手。总之，左利手的形成原因非常复杂，不能简单地认为某一种因素单独导致了左利手。

（三） 应对

教师和家长对左利手的评价和态度有很大差异，有的人认为左利手的人聪明，应该鼓励幼儿使用左手，也有的人认为左利手不符合文化传统、怪异，应该坚决纠正。那我们应该怎样来应对幼儿的左利手问题呢？

1. 正确认识左利手的特点

其实不论是左利手还是右利手，只是一种用手习惯而已，它们形成的原因非常复杂，虽然两者所占的人口比例差别很大，但并没有绝对的好、坏之分。习惯用左手的人因为对右脑的刺激多一些，所以和习惯用右手的人在各方面表现上会存在差异，但这些差异也是两面的，也就是既有好的方面也有不好的方面，我们应该全面来认识。左利手的优势表现为，从统计意义上来讲，与右利手相比，左利手常常拥有较高的社会、经济地位，在音乐、艺术、数学、建筑和运动领域有更高的成就，往往表现出较高的创造性。有人发现，古今中外有很多名人都是左利手，比如，达·芬奇、比尔·盖茨、克林顿等。当然，这只是统计意义上的，而且还存在较大的个别差异，并不是每一个左利手的人都能获得成功，而且，右利手的成功人士也不在少数。左利手也有缺陷，包括有少数左利手的人有时会表现出认知缺陷；一些神经精神疾病，例如癫痫、智力落后、病态人格、精神分裂症、酗酒和情绪障碍患者的左利手率较高。有严重缺陷的左利手主要是因为脑损伤形成左利手的那部分人。

2. 顺其自然，不要强行纠正

首先，幼儿时期以形象思维为主，右脑功能偏强，所以"左撇子"孩子偏多，但随着年龄增加，左脑的理性思维功能增强，有一部分孩子会自行改用右手，所以成人不用大惊小怪，一发现就强行纠正。

其次，强行纠正得不偿失。前面提到，左利手的形成主要有遗传和病理两个原因，从遗传因素来讲，左利手反映了右脑的优势功能，右脑中有良好的控制手指运动的机能，有遗传的控制精细动作的程序，纠正它相当于放弃优势功能，获取劣势功能；从病理因素来讲，这种左利手的人的脑中本来管理利手的中心由于受到损伤而由对侧脑代偿了，由于控制右手的左脑出了问题，运动控制中心转移到了右脑，于是使用左手，在这种情况下，如果去矫正利手，就好比要求一个因受伤不能自己提行李而请求别人代拿的人再去提行李一样，即使把利手改变了过来，本来在不改变时可以获得的运动技能和灵巧性也难以得到了。

再次，强行纠正会给幼儿带来很多负面影响。强行纠正幼儿的左利手，反而会给孩子造成心理负担，加重左脑的负担，造成左右脑功能的失调，使右脑的功能明显发生紊乱，甚至阻碍孩子创造能力的发展；强行改变左撇子的习惯，还可能造成孩子口吃、语言不清、唱歌跑调、阅读困难，甚至发育迟缓、神经质等。

最后，从纠正方式来讲，即使要纠正，也要采取温和的方式慢慢引导，如果采取威胁、责骂的方式，不仅会让幼儿情绪烦躁，不利于身心健康，也起不到纠正的作用。美国哈佛医学院所做的一项实验表明，强迫孩子改用右手的成功率仅为5%，其余95%的孩子在心理上产生的阴影可能影响其一生。

因此, 爸爸妈妈要顺其自然，让孩子左右手都会用，不要强迫左撇子孩子改用右手。

3. 要多关注左利手幼儿

在日常生活中，各种生活用品、设施一般都是按照右利手的使用习惯设计的，左利手幼儿使用起来就不太方便，教师和家长应该尽量为左利手幼儿提供方便；另外，因为左利手幼儿的脑结构决定了其身体的协调及平衡能力可能稍逊于右利手幼儿，他们走路、骑车、溜冰时较易摔跤，所以，左利手幼儿发生意外事故，如跌跤、被尖锐硬物割伤、运动中受伤的可能性较大，家长和成人应该对他们多加关注，同时也要注意对幼儿进行安全教育，让他们在实践活动中获得自我保护的能力和适应能力。

十三、 爱拿不属于自己的东西

天真、无邪的幼儿竟然会偷偷地拿幼儿园或者别人家的东西，这在许多成人眼里是难以接受的事情。有的成人会因此暴跳如雷，甚至会打骂幼儿；也有的成人会把幼儿的这一行为和道德品质联系起来，给幼儿贴上"不道德"的标签。

（一） 案例

案例1： 阳阳刚上幼儿园小班，他比较快地适应了幼儿园的生活，妈妈感到很欣慰。但是，这几天，妈妈在给阳阳洗衣服时发现，他的裤兜里经常会有一两块积塑小插片，看起来应该是幼儿园里的。妈妈有点小紧张：阳阳兜里的这几块小积塑是不是偷偷从幼儿园拿回来的？家里各种各样的玩具都有，他为什么要拿幼儿园的？老师发现了会怎么看阳阳？

案例2： 5岁的林林和姑姑一起去逛商场。路经一家玩具店，林林看中了一款遥控汽车，缠着姑姑买，姑姑没同意，说要回去问妈妈。林林哭闹了一阵，情绪低落地跟姑姑往回走。没走多远，他看到地上有一个漂亮的悠悠球，便捡起来玩，一路不满的哼唧声也暂停下来了。姑姑终于得到了清静，叫林林继续走，林林问姑姑："悠悠球怎么办？"姑姑说："你说呢？"林林说："肯定是别人不要的，我们拿走吧。"说完，就拉着姑姑往前走。

案例3： 路路上幼儿园大班，最近老有小朋友向老师告状，说路路偷拿幼儿园和其他小朋友的玩具。老师经过观察发现，路路确实有些小动作，但小朋友向老师告状时他并不害怕和羞愧，反而觉得好玩，而且路路拿得都是些常见的小物品。老师在应对前向路路妈妈了解情况，妈妈很生气，也很纳闷：家里条件算是比较好了，路路从来就不缺吃穿和玩具，想买什么，家里基本都能满足，他怎么可能去偷拿别人的东西呢？只是最近自己和路路爸爸都很忙，老出差，交给阿姨和老人看的时间多点。

案例4：小楠跟爸爸妈妈去一个小姐姐家做客，姐姐家有许多玩具和漂亮的小饰品，她都非常喜欢。在姐姐的房间里，她看到一个非常漂亮的小熊发夹，她拿起来摸了摸，实在舍不得放下。这时候，她看了看门口，屋里只有自己在，姐姐和其他人都在客厅，于是她就把小熊发夹放进自己的衣兜里。

（二）　分析

　　爱拿不属于自己的东西，是指不经别人的允许拿或者保留别人的东西，通俗的说法就是偷东西。偷东西是大家憎恶的不道德行为，而且在中国文化中人们很看重幼儿时期的这类不良行为。比如，有俗语说："3岁看大，7岁看老；从小偷针，长大偷金……"因此，这类行为对于幼儿家长以及托幼机构的教师来说都会觉得比较敏感和头疼。一方面，家长不愿意听到别人说自己孩子偷东西；另一方面，教师也很担心在与家长交流幼儿的这类行为时，家长有过激反应或不配合。

　　其实，把幼儿拿不属于自己的东西的行为和我们常说的"偷东西"等同起来是不合理的。幼儿时期，儿童的道德意识和道德行为还处于形成和发展的阶段，后天的社会环境对他们道德的发展起着重要的影响，所以，不能对他们做"从小偷针，长大偷金"的简单判断。

幼儿不经别人允许拿或保留不属于自己的东西的行为主要可以分为三种类别：第一种，无意识地拿。也就是幼儿不知道自己是在拿别人的东西，也不知道不经允许拿或保留别人的东西是不对的，案例1中阳阳的行为有些类似。第二种，有意识但无法控制地拿。也就是幼儿知道自己是在拿别人的东西，也模模糊糊地知道这样做不对，但是没办法控制自己的行为，如案例4中小楠的行为。第三种，故意拿。也就是幼儿知道自己是在拿别人的东西，也知道这样做不对，但是因为其他原因就有目的地这样做，如案例3中路路的行为。

幼儿之所以表现出爱拿不属于自己的东西的行为，主要有这样几个原因：

1. "自我中心"的思维特点

学前期幼儿思维发展的特点是以自我为中心，他们主要是从自己的角度来看问题，喜欢的、想要的东西就是自己的，拿在手上的东西就是自己的，他们对于"别人的"和"自己的"没有明确的区分。4、5岁左右，幼儿的去自我中心思维开始发展，但是，整个学前期仍是以自我中心思维为主。因此，幼儿表现出的拿别人东西的行为都是可以理解的，和他们的道德品质并没有必然联系。他们在没有经过别人允许的情况下拿走或保留别人的东西主要是因为他们以为，只要他们喜欢这个东西，这个东西就是自己的。他们不知道这是别人的，不能随便拿；更不知道，别人掉的、落下的东西也是别人的，也不能随便拿和占用。4岁以上的幼儿在成人的教导下会模糊觉得不经允许拿别人的东西是不好的行为，但是他们更多是口头上会说这不对，在思想与行为上并没有非常明确的认识和表现。

2. 自控能力比较差

学前期幼儿的自我控制能力比较弱，他们的情绪控制、自觉性、坚持性和延迟满足等方面的能力正在逐渐发展和稳定，而且，4～5岁后的幼儿在自我控制方面比年幼的幼儿要强很多，女幼儿的自控能力也明显比男幼儿强。在没有人监督、提醒的情况下，面对自己非常喜欢的物品，幼儿普遍都是很难克制冲动、抗拒住诱惑的，只是有的幼儿可能坚持的时间长点，而有的幼儿坚持的时间短点；在有人监督、提醒的情况下，大部分年长幼儿能够暂时抑制冲动、抗拒诱惑，他们能够抗拒诱惑的原因主要是希望受到别人的表扬。

3. 受周围人行为的影响

学前期，幼儿的道德意识和行为还处于逐步形成和发展中阶段，他们对好与坏、善与恶的辨别学习主要是受后天社会环境的影响。中国俗语"近朱者赤，近墨者黑"就是说的这个道理，幼儿周围的社会环境对他们道德意识和行为的形成与发展非常重要。当幼儿看到地上别人遗落的玩具时，看护他的成人告诉他这可以拿回家；当他亲眼看到自己的看护人偷偷把商店、别人家或路边的东西拿回家；当他看见班里的小朋友把幼儿园的玩具拿走而没有受到批评时……他们会逐渐模仿与学习这样的行为。

4. 希望吸引别人注意

也有部分这样的幼儿，他随意拿别人的东西并不是因为他非常喜欢这个东西，也不是因为他不知道这样做不对。相反，他对所拿的东西并没有多大兴趣，也知道这样做不对，但是，由于种种原因，他感觉受到忽视，希望通过这类不好的行为引起教师、家长或同伴的注意或关注。这类幼儿有的是家庭经济条件较好，但父母之类的亲密监护人比较忙，陪伴他的时间比较少，他对父母的依恋没有被充分满足；也有的是在托幼机构中不是很受同伴的喜爱与接纳，教师关注较少。他们为了获得更多的关注，所以会做一些拿别人东西等容易激发别人注意的行为。

　　以上列出了幼儿爱拿别人东西的几个主要原因，这几个原因既可以单独用来解释幼儿的行为，又可以结合起来解释幼儿的行为，这取决于对幼儿具体行为的全面分析。

（三）应对

　　如前所述，当幼儿表现出不经别人允许拿或保留不属于自己的东西的行为时，教师和家长不应该太过紧张，甚至是严厉批评或打骂，而是应该在详细了解整件事情来龙去脉的基础上找出幼儿行为的原因，冷静应对。具体来讲，教师和家长可以这样来应对：

1. 冷静观察，多方沟通，确定幼儿出现这种行为的主要原因

　　幼儿如果表现出所谓的"偷东西"的行为，教师和家长首先应该冷静。

　　如果是在幼儿园，教师要注意不要在其他幼儿面前训斥幼儿，不要因为某个或某些幼儿的告状就立即批评幼儿，而是应该暗地仔细观察幼儿的行为，弄清楚其行为的基本类型：幼儿是无意识地拿别人的东西，还是有意识地拿；幼儿是因为无法自控地拿别人的东西，还是故意拿。判断幼儿是否是有意识地拿别人的东西的一个主要观察指标是，看幼儿拿东西的时候会不会环视一下周围。当幼儿在拿班里或其他小朋友的东西时，他看了看周围，说明他是有意识地拿，即知道这样做不对；当幼儿看到喜欢的东西直接放兜里，没有四处张望，则说明他是无意识地，即他不知道这样做不对。那么，应对这两种类型的拿东西行为是有区别的。辨别幼儿是无法控制还是故意，则需观察幼儿行为的频率和被发现后的情绪，如果幼儿的行为比较频繁，而且被同伴或老师发现后并没表现出特别的沮丧、羞愧等情绪，则其故意为之

的可能性比较大，当然，这还需要结合其他情况进行分析。教师如果通过观察初步判断幼儿是故意拿别人东西的，则有必要和家长进行沟通，了解幼儿的家庭情况，以便做出正确判断和采取适宜的解决办法。

在家庭中也同样，父母如果发现了幼儿的这类行为，一定要冷静，通过观察，判断出幼儿行为的类型和原因再来应对，必要时也应该主动和教师沟通交流，全面掌握幼儿的情况，和老师共同处理。

2. 针对幼儿行为的原因，分类型进行应对

首先，对于那些年纪小的，自我中心思维严重的，无意识地拿别人东西的幼儿，成人不用过于担心，每次发现的时候心平气和地用平静的语言告诉幼儿这是别人的东西，应该还回去。幼儿可能暂时不会接受，也不会立马改过来，但成人应坚持这样做，让幼儿逐渐学会区分自己的和别人的东西，明白别人的东西不能随便拿。成人还可以通过相关的故事等来引导幼儿。

其次，对于中、大班的有意识但控制力差的幼儿，成人则需要一方面通过日常的活动和游戏训练来提高幼儿的自我控制能力；另一方面通过移情故事让幼儿了解和体会别人丢了东西会很伤心，帮助幼儿建立情绪与意志之间的联系，增强自控能力。

再次，对于那些故意拿东西的幼儿，成人最应该注意的是控制自己的情绪，减弱对幼儿行为的反应，不要让幼儿觉得这是吸引成人注意的一个很好的办法。比如，成人可以表现得很平静，对幼儿的行为视而不见，对幼儿同伴的告状冷淡处理，及时鼓励幼儿整理收纳物品的积极行为，家园配合，尽量给幼儿更多的关注和陪伴等。家长特别忙的，要给幼儿认真解释自己的工作，不因工作迁怒或厌烦幼儿，阶段性地忙完工作后，应给幼儿买礼物补偿幼儿。

3. 成人应为幼儿树立正面榜样，创设积极的社会环境

幼儿很多的行为都是受周围环境的影响，后天习得的，他们会观察和模仿身边人的行为进行社会学习。

首先，成人自己应杜绝在幼儿面前表现出偷拿商店及别人的东西、捡别人遗落的东西占为己有、借别人的东西故意不还等不良行为。

其次，当成人与幼儿一起看见其他人表现出类似的不良行为时，成人应该明确告诉幼儿这么做不对，让幼儿明辨是非。

再次，成人在家里和幼儿园都要鼓励幼儿自己的事情自己做，尤其是在家里，不能让幼儿用眼神来要求成人帮着做任何事，助长幼儿的自我中心；在幼儿与同伴交往时，要鼓励幼儿学会交换，想要的东西不能抢或直接拿，得用自己的东西去交换；去别人家做客时，不能随意要或拿别人的东西，喜欢的玩具可以下次来再玩，等等。在实际的社会交往环境中，成人给予积极的支持，幼儿才会逐渐学会正确的社会规则和规范。

4. 在日常生活中培养幼儿良好的行为习惯

幼儿不良行为习惯的养成有着比较复杂的原因，要想让幼儿养成不随意拿别人东西的好的行为习惯，不能仅仅靠说教和讲道理，还得在日常生活中培养。

比如，为幼儿准备他专属的日常用品，如毛巾、碗筷、护肤品、拖鞋等，不要和其他人混用，帮助他从小建立"我的"的观念；给幼儿提供一个属于他自己的小天地，把他的衣物、玩具和用具放在固定的地方，让他自己收纳，如果可能的话，3岁以后让幼儿睡自己的床，甚至是自己住一个小房间，以帮助其建立这样的观念：每个人都有自己的空间，没有经过他人同意，不可以随意乱拿乱翻。

　　又如，幼儿想买某个喜欢的东西，父母不要因为家庭经济条件好而每次都有求必应，而是要给他提一些要求，如一次只能买一个，或者达到某个条件之后再买，等等，这样可以有助于培养幼儿控制冲动的能力。

　　再如，成人要尊重和信任幼儿，拿幼儿的东西要征求幼儿的意见，不擅自把幼儿的东西送给别人；成人做错事情要及时弥补或道歉，承认自己的错误；幼儿表现出拿别人东西的行为时，成人要从幼儿的角度来理解和分析幼儿的行为，而不是用社会规范给幼儿贴标签，等等。

十四、　不合群

成人在幼儿园或者公园可能都会发现，有的幼儿与别人认识不久，就能很快打得火热，可以在一起开心地游戏，也有的幼儿总是一个人玩，融不到集体中去。

（一）　案例

案例1：龙龙2岁半了，很喜欢玩具小车，在家里一个人玩车能玩很长时间。妈妈觉得他有点独，经常会把他带到小区公共活动场地或其他小朋友家里玩，但他一般都不怎么和别人玩；如果其他小朋友也在玩车，他会感兴趣地瞟两眼，然后还是自己玩自己的，不会像有的幼儿那样凑过去看或摸。

案例2：5岁的珠珠和奶奶一起到小区的休闲空地玩，她看到几个同龄的小姑娘在一起玩"老狼老狼几点了"的游戏，被深深吸引了，于是在边上认真地看。奶奶碰到几个熟识的老人，就坐在旁边聊天。珠珠一直在边上看着小朋友们游戏，一个邻居阿姨从她旁边路过，见状对她说："珠珠，你也去和她们一起玩啊。"珠珠咬咬嘴唇、摇摇头。阿姨走了，珠珠还站在那儿看，奶奶一边和别人聊天，一边示意她和别人一起玩，她还是摇头。

案例3：4岁半的应应平时喜欢自己一个人玩，在家里能很安静地一个人玩玩具玩很久，很少粘着父母，即使有熟悉的小朋友来做客，他也不是很热情，只是专注于自己的事情；在幼儿园也很少参与其他小朋友的游戏，比如，他和几个小朋友都在"娃娃家里"玩医生病人的游戏，别的小朋友在互相模仿医生、病人，而他只是自己在那里玩注射器玩具，"娃娃家的"其他小朋友换了两拨了，他还在那里。

案例4： 5岁半的高高在小区和幼儿园都比较出名，因为他喜欢抢小朋友的玩具，而且，如果小朋友不给，他还会顺手推人、打人，所以许多小朋友都不愿意和他一起玩。看着别的小朋友在一起玩得很开心，他很羡慕，也想加入，但因为别人不欢迎他，他只好自己在一边玩，有时候嘴里还嘀咕着"有什么了不起"。

（二） 分析

　　幼儿常常表现出种种不合群的行为，比较严重、经常性的不合群行为也称作社会退缩。社会退缩，主要是指在社会情境中个体不与其他人交往、游戏，而只是一个人独自打发时间的行为（叶平枝，2005）。简单地说，就是在同伴或他人在场的情境下，幼儿不参与同伴交往或游戏活动。需要注意的是，幼儿一两次因为害羞不参与同伴交往或游戏的行为并不一定是社会退缩，社会退缩这种行为不是暂时的，而是具有跨时间情境的一致性，即无论在陌生环境还是熟悉环境，均表现出一贯的孤独行为。

　　越来越多的研究表明，同伴对儿童发展的影响至关重要，缺乏同伴互动经验的儿童发展状况欠佳，具有近期和长期的适应问题。因此，儿童的社会退缩受到人们的关注，并成为国际上同伴互动研究的热点之一。社会退缩一般分为三种类型：焦虑退缩型、主动退缩型和被动退缩型。

　　焦虑退缩型，也叫沉默寡言型，这类幼儿主要的表现是旁观和无所事事，他们既想参与，又怕参与，常处于趋—避动机的冲突之中，因而会出现矛盾、胆小、拘谨等情绪问题。其根源可能来自两个方面：一是抑制性气质，这种气质的儿童在陌生环境中表现为抑制、害羞，不能与他人很好地互动；二是负面评价或不利的交往地位（如被拒绝和被忽视的儿童）。这种行为最后可能发展为交往焦虑。

主动退缩型，也叫安静退缩型，这类幼儿的主要表现是不喜欢社会活动，喜欢独处，他们对物的兴趣超过对人的兴趣，主动离开同伴自己单独游戏。这类幼儿没有社会交往能力的缺陷，他们有能力参与同伴互动，是比较良性的社会退缩亚型，在儿童早期更是如此，但是，随着幼儿年龄的增长，这种行为对幼儿发展的负面影响将逐渐显现。

被动退缩型，也叫活跃退缩型，这类幼儿的主要表现是频繁的、夸张的独自游戏，包括喧闹、重复和多动的行为以及夸张的戏剧性表演。这类幼儿喜欢参与同伴互动，但由于常被同伴拒绝而不得不独自活动，反映了冲动和不成熟的行为，其社会能力较差。在儿童早期，"活跃退缩"与同伴拒绝、缺乏社会问题解决能力及母亲对儿童冲动行为的负面评价显著相关，与学前儿童外化的问题行为也显著相关。

幼儿社会退缩行为的形成原因是多方面的，主要有以下几点：

1. 幼儿自身的遗传、个性和能力等内部因素

许多研究发现，幼儿的社会退缩行为与遗传有关系，其中气质因素的影响比较突出，退缩行为幼儿最早表现为行为抑制；此外，外向型、智能高、社会认知能力高的幼儿更容易得到教师、同伴的接纳和喜爱。

2. 亲子依恋

依恋理论认为，亲子依恋关系影响幼儿内部工作模式的建立，这种工作

模式关系到幼儿自己与周围人的关系。如果内部工作模式使幼儿感到安全、自信，那么就有利于幼儿积极探索周围环境。安全感能促进幼儿对周围环境的积极探索，进而与同伴积极互动，而同伴间的交往、互动是幼儿社会能力发展的重要因素。相反，那些因消极依恋关系而具有不安全内部工作模式的幼儿会认为周围环境是无法预测、不安全、没有反馈的。这种内部工作模式会导致幼儿在与他人交往的过程中退缩，幼儿如果缺少对周围环境的探索行为，他的社会能力就不会很强。在新环境中，这些幼儿会靠近依恋对象（母亲），与依恋对象的暂时分离会使他们非常不安、焦虑，与依恋对象重聚时却又表现出愤怒、拒绝的行为。有研究证明，早期依恋的性质能够预测幼儿日后行为的发展，不同依恋类型的幼儿在社会交往、问题解决的能力等方面表现各异。一般认为安全型依恋的幼儿具有良好的社会适应能力，不容易出现问题行为，而非安全型依恋关系的幼儿在与同伴交往时社会技能低，会表现出远离他人、依赖成人而避免被他人拒绝的消极行为（郑淑杰、张永红，2003）。

3. 教养因素

教养因素包括教养策略、过度保护、教养观念和教养类型。父母在儿童早期的社会退缩行为发展中扮演着重要角色。

（1）教养策略

根据教养时父母施加压力的不同，把父母的教养策略分为高压力策略（指导、重复自己的要求、威胁、恐吓等）和低压力策略（建议、间接指导、商量等）。有研究指出，在高压力教养策略下的幼儿在社交中更倾向于从他人那里获得帮助，特别是从成人那里获得帮助；害羞、退缩幼儿的父母经常使用高压力教养策略。父母的高压力策略限制了幼儿的探索和独立行为，从而影响了幼儿社会能力的发展，父母的控制也剥夺了幼儿与同伴交往的机会，不利于幼儿自己解决人际交往的问题，同时也不利于幼儿社会自我效能感的发展，幼儿在家庭内外的不安全感会继续维持下去。

（2）过度保护

有研究还指出，幼儿的害怕、退缩行为也与父母的过度保护有关，过度保护的父母倾向于限制幼儿的活动、鼓励幼儿的依赖性，比如，在自由游戏的情境中，过度保护的父母鼓励孩子在空间上接近父母，不鼓励孩子在陌生情境下的危险行为、探索行为。

（3）教养观念

父母对幼儿行为及其发展的认识会在一定程度上影响父母的教养行为，从而影响幼儿的发展。有研究支持，那些认为社会技能不重要的母亲，她们的孩子在实现社会目标时更容易哭，解决社会问题的成功率较低，这正好与对退缩幼儿解决社会问题的研究结论一致。在与同伴的交往中，如果母亲认为幼儿社会技能是内在气质因素决定的，那么幼儿则表现为缺少自信、成功概率低，教师对这些儿童的评价是焦虑、害怕、退缩。

（4）教养类型

退缩幼儿的父母具有专制型教养的特征，此教养类型的父母对子女的高要求表现为：态度专横、粗暴，常常批评、指责和惩罚幼儿。

4.同伴因素

在新环境中沉默寡言的幼儿，在家庭之外也不易建立正常的社会关系，社会互动经验少、社会技能差、社会认知水平低。所以，他们通过与同伴交往提高社会技能受到限制，在同伴背景下更容易产生焦虑、远离同伴。另外，社会交往中的失败经验导致幼儿有消极的自我感受和认识，这种感受和认识在幼儿与同伴交往失败时会得到进一步强化。因此，被同伴拒绝的经验、将同伴不遵从归为内部稳定的因素，与气质特征一起构成一个反馈环路，使最初行为退缩的幼儿逐渐相信自己的社交失败是自身的原因，后来更多的失败经历进一步增强了他（她）的这种信念，而后幼儿的行为表现为更远离同伴。

（三） 应对

许多研究表明，幼儿的社会退缩行为具有中等程度的稳定性，对幼儿的发展具有不同程度的负面影响，所以，及时发现与预防干预很有必要。

1. 要正确判断幼儿是否存在社会退缩

在确定学龄前儿童是否表现出社会退缩时，必须充分考虑年龄因素和个体差异。同样是长时间的孤独游戏，在6岁时可能是社会退缩，而在3岁时则可能是正常行为。3岁前幼儿完全处于自我中心思维发展阶段，在他们的游戏中社会性互动较少，游戏类型主要表现为无所事事、旁观、独自游戏和平行游戏。就如案例1中的龙龙那样，如果没有其他证据支持，不能仅凭幼儿总喜欢一个人玩，就判断他是社会退缩。此外，3岁后的幼儿如果是在陌生的环境中一两次的胆怯、害羞，也不足以证明他就是社会退缩，真正意义上的社会退缩是跨时间和跨情境的，即不论是陌生的环境还是熟悉的环境，都经常性地有这类表现。所以，当幼儿表现出独自游戏等不合群行为时，教师和家长先要做出正确判断，然后区别对待。

2. 教给幼儿必要的社会交往技能，提高幼儿的自我效能感

焦虑退缩和被动退缩的幼儿之所以表现出社会退缩的行为，一个重要的原因是他们缺乏某些社会交往技能，他们原本希望参与到同伴交往中去，但是由于不知道采取正确的交往方法而怯于与人交往或者是被同伴拒绝。

如案例2中的珠珠，她长时间地观看别人做游戏，邻居阿姨提醒后咬唇摇头，表明她对此感兴趣，可能有参与的动机，只是害羞、不知怎么开口、怕被人拒绝而不敢去。这个时候，如果奶奶或其他监护人不是在旁边聊天，而是走到她身边，耐心地鼓励她，并教她怎样向同伴表达参与活动的愿望，在有过几次成功经验之后，她可能会逐渐增加与同伴的交往，改变退缩行为。

又如案例4中的高高，其行为，属于被动退缩，他有参与交往的愿望，但因其攻击性行为而被同伴拒绝。如果让他多掌握一些合作、交换、轮流等交往的技能，减少攻击性行为，他被同伴接纳的可能性会更大。有较强社会交往技能的幼儿在与同伴互动时能获得更多积极的经验，更容易受到同伴的接纳与喜爱，这也让他们自己有更高的自我效能感，从而也愿意参与同伴交往。

3. 创设环境，鼓励幼儿参与社会交往，让幼儿积累积极的交往经验

创设鼓励幼儿参与交往的环境，需要教师和家长共同努力。当幼儿进入托幼机构后，教师的权威逐渐替代了父母，教师对幼儿之间的社会性交往起着重要的引导作用。教师可以通过一些特别安排来为幼儿创设鼓励与促进幼儿社会交往的环境，比如：特别安排有社会退缩倾向的幼儿的座位，让他们挨着外向、和善的幼儿坐；创设和组织个别互动机会多的集体游戏；在活动中把退缩幼儿与社会交往能力较好的幼儿配对，让后者向

前者提供榜样；让退缩幼儿参与幼儿园各类活动的设计与组织，提高其互动动机等。在家庭中，父母也应该有意识地为幼儿创设增加社会交往的机会，比如：经常带幼儿去逛逛商场，拜访亲朋好友，在社区散步，让幼儿习惯于见到很多人（包括熟人和陌生人）；带幼儿积极参与社区、机构等的亲子活动，鼓励幼儿进行社会交往，在交往情境中发现幼儿的问题并给予必要的支持与帮助，让幼儿积累积极的交往经验；与教师经常沟通，配合教师开展有针对性的活动等。

4. 家长改变教养观念和教养方式，帮助幼儿克服畏惧和焦虑情绪

家长要认识到，自己的教养方式与幼儿的退缩行为有一定关系，反思与调整自己的观念与行为。充分尊重幼儿，把他们当做有想法的、独立自主的个体；在不涉及安全、道德的问题上，尽量先让幼儿自己去面对和解决问题，必要时再给予支持和帮助，不要总是为幼儿安排好一切；在家庭中营造民主、协商的氛围，多征询幼儿的意见和想法，不要理所当然地认为幼儿什么都不懂，应该无条件地服从家长。幼儿社会退缩行为的改进是一个缓慢的过程，家长要有充分的耐心。

十五、　爱告状

在幼儿园以及在亲朋好友聚会中，幼儿的告状行为十分常见。谁打谁了，谁拿谁东西了，或者是谁扯谁衣服了，等等，不论什么样的事情，幼儿似乎都喜欢向成人告状。对于这类问题，成人是应该置之不理，让幼儿自己解决，还是应该充当仲裁，帮助幼儿处理呢？这往往让年轻的教师和家长很难权衡和把握。

（一）　案例

案例1： 一天，老师正在分发水果，阳阳急急忙忙地跑到老师面前说，"老师，丹丹在洗手池玩水。"老师正忙着，就很随意地应了声："好的，我知道了。"然后接着给孩子们分发水果，发完之后，才想起丹丹在卫生间玩水这件事，于是就走过去看。结果看到阳阳和丹丹正在一起玩水，两人都玩得很开心。

案例2： 刚到幼儿园工作的小张老师最头疼的事情就是小朋友告状，争抢玩具、推搡抓伤的事情也就罢了，她最怕处理的就是为摸了一下头发、扯了一下裙子、碰了一下椅子之类"鸡毛蒜皮"的事情而告状。而且小朋友告状都是一个接一个的，这个刚告完，另一个又来了，有的还喜欢反复告状，很让老师头疼。

案例3：涛涛妈妈发现涛涛最近很喜欢告状。从幼儿园出来后，妈妈带着涛涛在小区活动场地玩，不久，同班的苗苗也和她妈妈来了，两个小朋友便一起在草地上玩挖宝藏的游戏，大人则在旁边聊聊家常。苗苗挖土把手弄得特别脏，于是就在自己身上擦，涛涛看见了，一边说"你不讲卫生，我告诉你妈妈去"，一边走过来向苗苗妈妈告状。后来两人又一起去玩健身器材，不久，涛涛又回来告状，说苗苗玩器材不排队，老和别人抢。涛涛妈妈在边上很尴尬，觉得涛涛有些多管闲事，总告状，让苗苗妈妈比较难堪，但他说的也没错，也不知道怎么批评他才合适。

（二） 分析

学前期，幼儿的告状现象比较普遍，也很频繁。幼儿之所以喜欢告状，主要有这样几个原因：

1. 人际关系的变化引起幼儿的告状行为

从3岁左右开始，随着幼儿进入托幼机构，幼儿的人际关系发生了重大变化，从主要是和成人的关系逐渐向同龄人关系过渡，这种人际关系的变化容易出现人际冲突，引发幼儿的告状行为。幼儿与成人相处，成人一般都会让着甚至是纵容幼儿，在这种关系中，幼儿是小太阳、小皇帝、小公主，基本上是为所欲为；但是当幼儿在与同龄人相处时，他们原有的年龄优势和特权不再存在，人际冲突明显增多，从而会引发更多的告状行为。

2. 道德感的发展激发了幼儿的告状行为

在3岁左右，幼儿的道德感发展起来，4～5岁的幼儿已比较明显地掌握了一些概括化的道德标准，当同伴行为不符合幼儿的道德标准时，便会引发幼儿的告状行为。比如，打人、抢玩具之类的行为，幼儿已经明确知道这是不对的行为。

3. 幼儿道德认知发展水平的局限以及缺乏独立的道德评价能力

一方面，受认知水平的限制，幼儿在判断同伴的行为时会存在偏差，比如，把同伴摸头发、拉衣服等无恶意行为看成不友好的攻击性行为，从而喜欢向老师告状。另一方面，4岁左右幼儿的道德发展还处于"他律"阶段，也就是幼儿的价值判断受他自身以外的价值标准支配，而且判断行为的依据是结果而不是动机，他们会把权威人物（如教师）制定的规则当作是神圣不可违背的，如果同伴的行为与教师制定的规则不符，往往就会引发幼儿的告状行为，而不会去考虑同伴的动机。

4. 寻求成人帮助或关注

有的幼儿是遇到问题自己解决不了，需要教师的帮助，所以告状，比如，被强势幼儿抢走了玩具，自己要不回来，所以找老师；有的幼儿是希望成人关注到自己，承认和认可自己是遵守规则的好孩子，比如，幼儿向教师告状说某个小朋友吃饭撒了很多菜，他的言外之意可能就是，让老师"发现"他一粒饭都没有撒出来。

（三）　应对

从以上幼儿告状原因的分析可以得知，看似简单、常见的幼儿告状行为，其实蕴含着很多深层次的起因，如果应对不当，不仅会影响幼儿之间以及幼儿与成人之间的关系，还会误导幼儿形成一些不良的价值判断，所以，一定要慎重对待。具体来说，应该注意以下几点：

1. 要重视幼儿的告状，对幼儿的告状持积极的态度

教师和家长要认识到，幼儿告状不一定是坏事，它也有积极的意义，比如，反映了幼儿对行为规则的认识、掌握和道德评价能力的发展。在幼儿眼里，成人（特别是与他们关系密切的老师和父母）是最受崇拜的，是最可信赖的，幼儿很在意成人对自己行为的态度，不管是赞许、肯定，还是谴责、否定，都成了幼儿判断是非曲直、善恶好坏的最高标准。所以，成人不要怕幼儿告状，对幼儿的告状应持欢迎的态度，在工作中遇到幼儿告状，可以先停一停手中的工作，别急着截断或不耐烦。最忌讳的做法是态度粗暴和不予理睬。比如，对有些处理问题能力较差，不管遇到什么事情都用告状来解决的幼儿失去了耐心，千万别说"你事真多，动不动就告状""真烦"这些话。再如，有的教师对一些告状次数多的幼儿会不耐烦，或者教师正在忙别的事情，不想被幼儿的告状影响，常会简单地应答幼儿"我知道了""去吧，我正忙呢！"，这都不可取。

2. 要认真倾听幼儿的告状，分析原因，区别对待

看起来是"鸡毛蒜皮"的告状，可能有不同的心理动机，成人要耐心倾听、全面了解，才能有针对性地应对。对于通过告状来寻求成人关注、表扬的幼儿，成人不应该鼓励，更不能当着告状的幼儿的面批评另一个幼儿，而是要引导幼儿自己去处理问题，比如可以对告状的幼儿说："你知道他这样做不对，这很好，那你看有什么办法帮助他呢？"对于通过告状来试探成人态度的幼儿（如案例1中的阳阳，他告状的目的是试探教师对玩水的态度），成人要保持敏感，强调规则，即使是当时很忙，

无暇分身，也应该表明自己的态度，比如可以对幼儿说："这会儿玩水不对，你让他过来吃水果"；对于为了逃避责任反而告别人状的幼儿，成人要分清责任、严肃批评，要让告状的幼儿认识到把责任推给别人是不对的；对于打抱不平、保护弱者而告状的幼儿，成人要及时肯定、鼓励，保护幼儿的道德感，并认真加以引导，与幼儿一起商讨解决问题的方法；对于维护规则而告状的幼儿，成人要在肯定的基础上引导幼儿自己解决问题，比如案例3中的涛涛，他告状是因为他觉得同伴违背了他在幼儿园或家庭中习得的规则，他并没有说错，成人不应该为了面子等原因去阻止或斥责他，但要引导他自己和同伴沟通，学会自己处理问题。总之，对于幼儿的告状行为，一定要在倾听的基础上，弄清楚原因，再区别对待，成人（特别是教师）对幼儿告状行为的处理会影响和改变幼儿后续的行为与观念，所以应该慎重对待。

3. 培养幼儿独立解决问题的能力，逐渐减少其告状行为

认真对待幼儿的告状行为并不是一味鼓励幼儿的告状行为，随着幼儿的成长，让幼儿能够逐渐自己解决问题，减少告状行为才是我们的目的。所以，这是我们应对幼儿告状行为的方向，但是需考虑到幼儿的年龄和心理特点，要逐渐引导。比如，可以组织幼儿观看动画片、听故事等，有目的地引导幼儿评价其中的行为，提高幼儿的辨别能力，进而减少幼儿的不良行为；也可组织幼儿通过谈话、讨论等形式，讲一些在幼儿日常生活中遇到的问题，让幼儿来想办法解决，从而培养幼儿独立处理问题和判断是非的能力，进而减少幼儿告状行为等。幼儿进入托幼机构，就意味着他们进入了一个新的、重要的社会化过程中，他们在与同伴的冲突与交往中逐渐学会去自我中心，积累社会交往经验，学习社会交往的技能。所以培养幼儿独立解决问题的能力，减少告状行为，是非常有必要的。

4. 反思与调整活动设计与组织，让幼儿减少告状行为

　　在幼儿园里，教师如果有心，可以从幼儿的告状行为发生频率中来反思自己的活动设计与组织。有研究表明（郑名、李春丽，2005），3岁幼儿的告状行为在不同的活动类型之间有显著差异，在自由活动中发生的告状行为最多，在游戏活动中发生的告状行为最少。游戏活动是幼儿喜爱的活动，而且在游戏活动中幼儿往往有丰富的材料可供操作，幼儿的注意力也最为集中，有时候同伴偶尔招惹一下，幼儿由于专心玩，也顾不上告状。而在幼儿注意力不集中时，同伴稍微碰一下，幼儿也要告状。而幼儿的自由活动多集中在狭小的活动室内或在活动室外的楼道、走廊里，空间非常有限，并且这些自由活动多是些过渡环节的活动，受规范约束的幼儿不能自主决定，只能消极等待，这时候更容易产生一些无意的碰撞或有意的招惹行为，从而引发幼儿的告状行为。所以，教师可以从幼儿的告状行为中来反思是不是在常规安排、活动设计、活动组织中存在有待调整的地方，进而通过改进教学来减少幼儿的告状行为。

十六、 性探索行为

在中国文化中，关于性的问题往往会被蒙上一层神秘的面纱，教师和家长在幼儿面前也会比较忌讳谈论性的话题。但是，学前期幼儿随着性心理的发展，已经表现出一些明显的性好奇和性探索的行为，成人应该怎样应对，才能既保护幼儿的好奇心，又给予幼儿正确的性教育，这已日益成为教师和家长关注的问题。

（一）　案例

案例1： 5岁的栋栋最近在幼儿园里喜欢玩一个恶作剧，他会趁身边的男孩子不注意的时候，"唰"地一下把别人的裤子脱下来，然后一边指着一边笑着说："小鸡鸡，小鸡鸡。"几个男孩子被他惹火了，会追着脱他的裤子，也有的男孩子觉得他的行为好玩，也学着去脱其他男孩的裤子。老师和栋栋家长沟通，了解到栋栋这样做是因为栋栋爷爷刚从外地来看栋栋，在家里经常这样逗他，导致栋栋跟着学。

案例2： 妈妈带齐齐到昆昆哥哥家玩，昆昆7岁，家里还有一个2岁多的妹妹文文。三个小朋友玩得很开心，也没发生什么大的争执。一会儿，文文叫妈妈说要小便，文文妈妈正在卫生间洗衣服，卫生间地上有些水，又放着几个盆，所以文文妈妈把文文的小便盆拿到卫生间门口，让她自己蹲着小便。看到妹妹小便，昆昆认真地对齐齐说："你知道吗？女孩子其实也有小鸡鸡，只是男孩子的鸡鸡是长在外面的，女孩子的鸡鸡是长在里面的。"齐齐有点不相信地问："你怎么知道的？"昆昆说："从书上看到的，不信，你看我妹妹。"于是，昆昆就带着齐齐趴在地上，两人一边仔细地看正在小便的文文的屁屁，一边讨论鸡鸡的话题。

案例3： 4岁的强强近来没事的时候就喜欢玩小鸡鸡，开始是无意识地揉揉，奶奶每次看见，就会严厉地斥责他："把手放下来，羞羞脸！"后来，他则是背着奶奶玩。

（二）　分析

以上案例都是幼儿出于对性的好奇而进行的一些探索行为，这里我们统称为性探索行为。在中国文化中，性问题被加进了一些神秘的色彩，成人尤其是年纪大的人在幼儿面前都比较忌讳谈论关于性的问题。当幼儿问到相关问题时，很多人都含糊其辞，甚至编造一些说法来糊弄幼儿，认为他们太小，没必要了解，长大了，自然就知道了。

其实，虽然成人忌讳在幼儿面前谈论性，但是幼儿的性发育开始得很早，他们不仅从形成受精卵的时候就区分了生理上的性别，而且从出生开始，他们的性心理就在不断发展。有心理学家指出，人的性心理发展经历了五个阶段：口腔期、肛门期、性器期、潜伏期和生殖期。学龄前儿童性心理的发展跨越了前面四个阶段。

1. 口腔期

口腔期又称口欲期，是幼儿性心理发展中的第一个阶段，这个阶段发生在婴儿出生后0～18个月。在此期间，婴儿专注于嘴里的事物，例如以吸取母乳来得到口唇的快感，或者是拿到什么东西就咬。

2. 肛门期

这个阶段发生在2～3岁，动欲区在肛门区域，排泄机能成为婴儿性快感的主要目标，婴儿从排泄活动中得到极大的快乐。

3. 性器期

这一阶段是最重要的心理性欲阶段，发生于3～6岁。这一时期，性器官成为最重要的动情区，处于这一阶段的幼儿表现为对异性父母发生了性兴趣；他们会对性器官很好奇，也会发现触摸它会有奇怪的快感。性器期的幼儿会很容易发现并去碰碰自己的小鸡鸡等性器官。当男孩子意识到触碰小鸡鸡它会变硬，而且会有不一样的快感，女孩子则发现摸摸自己尿尿的地方会有特殊感觉时，这些感觉就引起了幼儿对性的兴趣和好奇。另外，这一阶段的男孩和女孩对彼此的身体都有着很大的好奇，可能在被允许的情况下，会裸露自己身体的某个部位，甚至让对方触摸。

4. 潜伏期

这是学龄前儿童性心理发展的最后一个阶段，发生于5岁至青春期前。这个阶段比较长，期间没有明显的性发展表现。这一阶段的特点是儿童失去了对与性相联系的活动的兴趣，而把他们的注意力集中在其他的事情上，例如学校的课业和良好的习惯等，他们意识到男女间性别的差异，将自己局限在与自己同性的团体中，没有或很少有性探索表现，所以称为潜伏期。

从幼儿的性心理发展阶段来看，案例中幼儿表现出的种种性探索行为都是很正常的，只是因为成人的错误观念和不正确的干预方式强化了幼儿的不适当行为。这也从一方面反映出在幼儿期正确进行性教育的重要性。性是人的一种生物本能，但同时也是一种社会现象，是个体社会化的一个重要方面。幼儿阶段是性教育的最佳时期，一方面，是因为幼儿早期所接受的有关性问题的准则和观念是成年后的性心理基础，更是因为对幼儿进行性教育，幼儿就不容易对性产生偏见，将来在性方面遇到困难和问题时，就会主动寻求父母或老师的帮助。另一方面，由于幼儿可塑性和接受能力都很强，性教育有助于幼儿及早获得正确的性知识，树立正确的性观念，避免将来受到错误性信息的影响，还有利于幼儿今后健康性价值观的树立。正如美国性信息和性教育理事会主席考尔德伦博士所说："对于性教育，可能特别紧要而有效的时期是14 岁以前，尤其是5 岁以前。"让孩子从小以非常坦诚的态度去面对性、了解性，这是幼儿生活与成长中不可缺少的一种知识的学习，正如幼儿在成长过程中需要吃饭、睡觉，需要智力开发一样，性教育也应该自幼儿开始（沈明泓、安静，2013）。

（三）应对

怎样对幼儿进行科学的性教育，这是教师和家长关注的重要问题，具体来说，要注意以下几个问题：

1. 转变观念，掌握幼儿性教育的时机

教师和家长应该明确认识到，对幼儿进行性教育很重要也很必要，幼儿期正是进行性教育的关键期。5岁左右是幼儿进行性探索的重要时期，幼儿对任何新事物都有强烈的好奇心和求知欲，所以他们自然会注意到男性与女性生理上的差异，并由此开始进行性探索。这时候，成人应该抓住机会，针对幼儿的行为和问题及时进行性教育。

2. 坚持正面教育的原则

幼儿的性好奇和性活动是自然发生的本能，成人应该正面回答幼儿的性问题。大部分幼儿最好奇的莫过于自己的来源，当幼儿问妈妈"我是怎么来的"时，家长一定要给予正确的解释，而不是因为觉得幼儿小，不明白，就骗幼儿说他是捡来的或是从石头里蹦出来的，等等。当幼儿对自己的性器官感兴趣时，成人应该让幼儿知道性器官的标准名称，不要觉得不好意思开口而含糊其辞，更不能让孩子感受到有关性的负面信息，因为这样会给幼儿一种暗示：比起身体的其他部分，诸如鼻子、耳朵、膝盖，性器官（如外阴部，睾丸）是相当不同的，而且是令人不好意思的，从而使幼儿感到神秘或是一种禁忌，这会影响到幼儿卫生保健的习惯与观念，甚至青春期阶段对异性的看法。

3. 采用符合幼儿年龄特点的适宜的方法

对于幼儿的性探索，成人不能通过骗、打、怒斥、恐吓的方式来压制幼儿，而应该采取一些幼儿愿意和能够接受的方法。比如，关于生命来源的问题，成人可以给幼儿看一些简单的图片或录像，消除他们的神秘感，并使幼儿知道父母孕育小宝宝的艰辛，懂得要爱父母和尊重父母。又如，当幼儿对性器官感兴趣时，父母可以通过洗澡、游泳的过程大方地向幼儿介绍器官的名称与基本功能，让幼儿消除神秘感；教师可以通过提供生理结构的图片，组织或设计"医生看病""娃娃家""玩水"等游戏方式来让幼儿自然了解男、女的差异。

4. 不要为了好玩开幼儿的玩笑

有的成人喜欢开幼儿性器官的玩笑，如案例1中栋栋的爷爷，为了逗幼儿，故意脱幼儿的裤子，成人的这种行为只会强化幼儿对自己性器官的注意，甚至会向别人炫耀自己的性器官或者模仿脱别人的裤子；也有的成人为了好玩，让男孩穿女孩的衣服、戴女孩的配饰；还有的成人会怂恿男、女幼儿接吻。这类和性有关的玩笑对幼儿来说是不正确的引导，成人的笑声可能使幼儿对性产生错误的认识以及强化幼儿不当的行为。

5. 培养幼儿自我保护的意识

面对复杂的社会环境，教师和家长还有必要教给幼儿正确的自我保护知识，避免幼儿受到伤害。比如，正面告诉幼儿不要单独外出，外出要告知父母，不随便与陌生人打交道，不随便接受陌生人的礼物、食品，不跟陌生人出去玩，不要让陌生人触摸自己的身体；如果出现被侵害事件，要懂得找教师、家长、警察等可靠的人帮助，等等。一旦发生性侵害，成人要及时报案，惩治罪犯，同时要安抚幼儿，不要责骂幼儿，要告诉幼儿，这不是他(她)的错，并带幼儿到医院接受身体检查，及时向儿童保护团体求助，或向专业心理辅导人员咨询，避免对幼儿造成后续的心理伤害。

参 考 文 献

［1］胡敏，静进．学龄前儿童行为问题影响因素研究进展［J］．中国学校卫生，2011（4）：509–512.

［2］兰燕灵，张海燕，李萍，等．行为问题儿童的生活质量及其影响因素调查［J］．中国心理卫生杂志，2004（2）：79–82.

［3］李丹．儿童发展心理学［M］.上海：华东师范大学出版社，1987.

［4］李宏田，刘建蒙．儿童行为问题检核表的使用现状及儿童行为问题的研究进展［J］.中国生育健康杂志，2010（1）：58–61.

［5］凌辉．父母养育方式与学习不良儿童行为问题及自我意识的相关研究［J］.中国临床心理学杂志，2004，12（1）50–52.

［6］刘焱.儿童游戏通论［M］.北京：北京师范大学出版社，2014.

［7］刘云艳．中国0～6岁儿童心理健康与教育研究进展［J］.学前教育研究，2009（6）：10–15.

［8］吕勤，陈会昌，王莉，等．父母教养态度与儿童在2～4岁期间的问题行为［J］.心理学报，2002，35（1）：89–92.

［9］彭聃龄.普通心理学（修订版）［M］.北京：北京师范大学出版社，2001.

［10］邱学青．孤独症儿童游戏治疗的个案研究［J］.学前教育研究，2001（1）：36–37.

［11］全国22个城市协作调查组.儿童行为问题影响因素分析：22城市协作调查24013名儿童少年报告［J］.中国心理卫生杂志，1993，7（1）：13–15.

［12］沈明泓，安静. 幼儿园游戏与幼儿性教育［J］. 中国性科学，2013（8）：68-70.

［13］孙煜明. 试谈儿童的问题行为［J］. 南京师大学报，1992（4）：13-18.

［14］王秀珍. 儿童行为问题的研究进展［J］. 中国行为医学科学，2006（7）：667-668.

［15］王益文，张文新，等. 母亲行为与儿童行为问题的探索［J］. 中国心理卫生杂志，2002，16（4）：277-279.

［16］肖凌燕. 儿童问题行为产生的原因及家庭干预［J］. 中国特殊教育，2004（1）：62-66.

［17］姚鲲鹏，赵翠英. 运用系统脱敏疗法对儿童社交恐惧症的矫正［J］. 柳州师专学报，2006，21（1）：138-140.

［18］叶平枝. 儿童社会退缩的概念、分型及干预研究述评［J］. 学前教育研究，2005（11）：22-24.

［19］张梅. 学龄儿童的行为问题与家庭因素的关系［J］. 心理发展与教育，1996（1）：39-44.

［20］张雨新. 行为治疗的理论和技术［M］. 北京：光明日报出版社. 1989.

［21］郑名，李春丽. 4～5岁幼儿告状行为的研究［J］. 学前教育研究2005（1）：38-39.

［22］郑淑杰，张永红. 学前儿童社会退缩行为研究综述［J］. 学前教育研究，2003（3）：15-17.

［23］朱婷婷. 儿童行为治疗［M］. 南京：江苏教育出版社，2010.

"0～6岁儿童养育专家全知道"跋

储朝晖

　　0～6岁婴幼儿发展是终身发展的基础,早期教育对人的成长发展具有极为关键性的作用,从2010年中国政府开始重视幼儿教育以来,早期教育的重要性也得到更清晰的认识,父母及社会对早期教育的需求日渐增大,期望日益增高,但是目前中国早期教育的专业水平还处在很低的"幼稚"阶段,各地的早教热潮中出现了严重的短期功利取向与混乱现象。

　　有鉴于此,2012年,本人开始约集包括港台在内的我国早期教育前沿的专业工作者,编写出版"0～6岁儿童养育专家全知道"丛书,试图在满足广大父母和早教专业工作者的巨大需求的同时,为早期教育注入理性精神和科学理念,服务幼年人的健康成长发展。经过三年多的努力,终于与读者见面。

　　本套书选题的方式是:依据婴幼儿目前早期教育的实际,依据各位专家的专长,确定各位作者的选题,同时考虑整套丛书的系统性,尽可能在不同领域里选择前沿专家。最后在来稿中选定以下五本书:北师大珠海分校胡学亮教授翻译的无藤隆〔日〕所著的《发现孩子:早期教育释疑》,该书从发展心理学的研究视角,阐明了对早期教育深层次的理解和观点,解答了家长在早期教育中存在的疑惑,对早期教育的定义、教育内容、教育方法、教育时间及场所等都进行了详细论述,指出了早期教育的可能性和存在的问题;张雪门先生的弟子钱玲娟先生花费数十年心血所著的《幼儿玩具玩与学》,该书主要介绍玩具的功能、不同年龄段玩具的选择、玩法以及自制玩具等;医护专家刘燕华所著的《婴幼儿护理与习惯养成》,以全方位、多层次、连续持久的护理观,介绍护理与幼儿习惯养成的理论、方法、技巧;从事学前和心理方面研究的陈辉博士所著的《幼儿行为问题应对》,该书针对年轻父母对幼儿行为的很多困惑,结合案例做心理学方面的分析,最后指出正确的应对方法(指出应对上的误区),解除缺乏专业知识的父母和老师的很多困惑和误区;本套丛书主编储朝晖所著《亲子成长游戏》,依据儿童生理和心理发展的顺序，依据幼儿发展的规律，为父母提供系列的亲子游戏参考方案。整体上形成一个覆盖早期教育从观念到最常用的各方面实际操作的体系，既可以帮助父母和早期教育人士提升学习，又可直接用于实际。

本套丛书旨在传播科学早教理念，提高教师和家庭成员的早教理论水平，普及早教知识，指导早教行为，配合《国家中长期教育改革和发展规划纲要》的贯彻落实，服务于儿童早期身心健全发展。

在写作上严格要求：（1）所写内容要有科学、实证或文献依据，注意抓住问题的关键，关注细节；（2）所写内容要针对早期教育中的实际问题和父母及早教工作者的困惑，既有思想理论，又有实际操作，突出科学和理性精神；（3）尽力探索早期教育的新问题，凸显出新理念，反映同一研究领域的前沿状态。

本书主要读者对象为父母以及早期教育工作者，所以力求通俗，增强可读性。在整体准确把握相应领域前沿理论的基础上，尽量深入浅出，语言简练，避免歧义。并适当配图，以文带图，图文互补，疏密均匀。

十分荣幸的是，著名幼儿教育专家、98岁高龄的北师大教授卢乐山先生为本套丛书写序，并和本人于2014年6月1日儿童节就南开校史及幼儿教育问题谈了一上午，令人终身难忘。

作者团队中最令人崇敬的是97岁的张雪门先生的弟子钱玲娟老师，一生历经磨难却对幼儿教育事业挚爱、追求不止，每次打电话都有说不完的话，到他家中还是讲幼儿教育的问题和解决方法，本套丛书中的《幼儿玩具玩与学》是她与关崇峻（原外交部幼儿园园长）等众多人几十年积累的心血，代表了这一领域中国现有的研究水平。无藤隆［日］先生是东京大学教育学博士，主攻发展心理学、儿童教育学，历任大学教授、小学校长，有专著30余本，译者胡学亮教授曾在日本任教8年后回北师大珠海分校任教。刘燕华女士是原北京军区某后勤部正团职护士长，对护理方面十分专业，所选的幼儿护理与习惯养成的角度又很独特。陈辉是北京师范大学学前教育专业博士，中国社会科学院心理学专业博士后，又有孩子心理问题解决方面的实践经验。这样的团队保证了这套丛书的品质。

在本套丛书的设计和写作过程中，南京师范大学出版社徐蕾副总编、张椿女士给予了大力支持。北京理工大学出版社杨海莲、魏诺、洪晓英在本书出版过程中付出大量的辛勤劳动，一并致谢。

本套丛书依然会有意想不到的缺陷，各位读者有何意见，请直接发至本人邮箱：chu.zhaohui@163.com，先在此致以诚挚感谢！